Kit Campus

Spywares et virus

Protégez-vous des logiciels escrocs !

Edition DeLuxe

Eric Charton

CAMPUSPRESS

Publié par CampusPress
47 bis, rue des Vinaigriers
75010 PARIS
Tél. : 01 72 74 90 00

Mise en pages : Andassa

ISBN : 2-7440-1960-7
Copyright © 2005 CampusPress

Table des matières

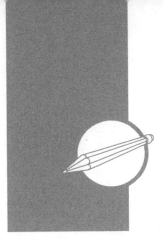

Introduction

C'est un fait, au cours de l'année 2004, les PC du monde entier, majoritairement équipés de Windows, ont été victimes d'une offensive virale sans précédent : des centaines de millions de logiciels malicieux (pas seulement des spywares) ont envahit les ordinateurs. Ils ont contourné les protections les plus perfectionnées, laissé les antivirus de marbre... et les utilisateurs dans un bel embarras !

Voici le type d'e-mail que l'auteur a pu recevoir des dizaines de fois entre janvier 2004 et mai 2005. Nombre de lecteurs se reconnaîtront dans cet utilisateur :

> On parle des spywares un petit peu partout, sur des sites Internet, dans la presse spécialisée, avec les copains (ce n'est d'ailleurs pas le meilleur moyen pour obtenir des informations correctes).
> Je sais ce qu'est un spyware, je n'ai pas besoin d'explications à ce sujet. En revanche, j'aurais besoin d'informations concernant les logiciels capables de les supprimer. Tous les antispywares et antivirus utilisés jusqu'à présent les détectent assez facilement et les suppriment tout aussi facilement.
> J'ai pourtant deux questions :
> 1) Pourquoi, lorsque je remets la machine sous tension, les spywares supprimés se retrouvent-ils de nouveau sur mon ordinateur ?
> 2) Y a-t-il sur mon PC un exécutable avec un nom anodin qui irait rechercher sur le Net tout ce que l'antispyware a supprimé ?
> L'antivirus, lui, ne détecte rien d'anormal.

En quelques lignes sont ici résumées les interrogations de millions d'utilisateurs, au même instant, en de nombreux points de la planète.

Premier point commun entre ces utilisateurs dépités : ils sont tous reliés à Internet. Autre point commun, ils appliquent bien souvent les recommandations sécuritaires classiques : ils sont équipés d'un antivirus, ils font attention aux pièces jointes de leur messagerie, ils ne téléchargent pas de fichiers n'importe où, ils utilisent même des logiciels antispyware. Et pourtant, le spyware est bien là !

Pourtant ce lecteur affirme savoir ce que sont les spywares et comment les supprimer… En réalité, l'invasion est si subtile et perverse qu'il se trompe sur ce point, et on ne saurait l'en blâmer.

Il s'étonne que son antivirus ne détecte rien d'anormal ? Cela est tout à fait… normal ! Quasiment aucun antivirus ne sait détecter les spywares correctement !

Ce lecteur – et nous tous, utilisateurs – devons comprendre que la spectaculaire invasion des spywares et des logiciels malicieux (troyens, mouchards, cookies traceurs) n'est pas le fait du hasard. Et qu'elle ne saurait être endiguée par des moyens classiques : Internet, réseau (jadis) universitaire, convivial et ouvert, relie désormais la quasi-totalité des individus dans les pays les plus marchands du monde.

Or, comme chacun sait, Internet, c'est un explorateur qui affiche des pages. Et derrière cet explorateur se trouve un ordinateur. Il attire donc des milliers de marchands qui n'ont qu'un objectif : faire de l'argent, et vite ! Ils utilisent pour cela des mouchards et des spywares.

Voilà le constat : les virus inutiles (c'est-à-dire farceurs ou destructeurs) sont devenus marginaux ! Les spywares, les troyens, les mouchards - représentants d'un nouveau *business model* dans lequel les produits et services s'échangent contre une parcelle de vie privée – sont les nouveaux agents infectieux, ceux dont il faut se débarrasser au plus vite.

Vous serez forcément surpris en lisant cet ouvrage de découvrir qu'un ensemble de méthodes de voyous sont adoptées de plus en plus souvent par des sociétés commerciales pour polluer tout ou partie du réseau Internet.

Qui contrôle votre ordinateur ?

Prenez-en conscience, celui qui envahit votre ordinateur n'est plus seulement un escroc de bas étage, ou un hacker désœuvré. Votre PC est infesté par des machines de guerre, mises au point autant par des pirates que par de grandes entreprises, financées par le capital risque !

On s'en aperçoit quand un monstre économique tel que Microsoft, exaspéré de voir son système XP transformé en passoire pour spywares et espions de tout poil, investit en quelques semaines des centaines de millions de dollars pour acheter un éditeur antispyware (Giant), et met les bouchées doubles pour protéger son système (Windows XP SP2 et son firewall).

Là encore, rien n'est dû au hasard : pour que Microsoft se cabre de la sorte, c'est bien que la menace est sérieuse, difficile, voire impossible à traiter par les utilisateurs, et qu'elle sape les fondations même de l'informatique moderne.

Vous lirez quelques noms dans cet ouvrage, illustrant des cas pratiques : spywares de 180Solutions, de Claria, de Direct Revenue. Apprenez qu'ils ont drainé, pour les entreprises qui les ont créés ces dernières années, plusieurs centaines de millions d'euros en capital risque (pour en savoir plus à ce sujet, consultez l'enquête de Benjamin Edelman, sur **http://www.benedelman.org/spyware/investors/**) :

- 180Solutions (ses spywares s'installent au travers des failles de sécurité) : 40 millions de dollars reçus de SpectrumEquity pour Metrics Direct (exploitant commercial des spywares de 180solutions) [**http://www.spectrumequity.com/portfolio/index.asp**].

- Claria (propriétaire de Gator, source de nombre d'infections) : plus de 48 millions de dollars reçus d'un pool d'investisseurs (lire, par exemple, l'article sur **http://www.crosslinkcapital.com/software.htm**).

- Direct Revenue (qui efface ses concurrents du disque dur !) : 20 millions de dollars de Direct Venture (**http://www.insightpartners.com/**, voir le portfolio).

Ces trois exemples sont ceux d'entreprises répertoriées en tant que diffuseurs de spywares particulièrement sauvages ! Ce sont elles – par l'entremise de leurs partenaires commerciaux – qui infectent et déstabilisent vos machines avec des logiciels collants, mal programmés, intrusifs, qui violent votre vie privée. C'est l'association de ces entreprises avec de vrais pirates (rémunérés pour installer des spywares par la force) qui favorise la diffusion des logiciels malicieux.

Grâce à elles, vous avez aujourd'hui dix fois plus de chances de trouver leurs spywares sur vos machines qu'un virus !

Un credo : la sécurité informatique a changé !

En lisant cet ouvrage, vous comprendrez donc que l'infection virale a changé. Les habitudes des utilisateurs en matière de protection sont devenues complètement obsolètes. C'est ce qui explique l'invasion par les logiciels malicieux constatée ces deux dernières années. L'ennemi n'est plus seulement le programmeur de virus un peu poète ou névrotique, c'est aussi – nous allons le démontrer – l'industrie "noire" d'Internet, les entreprises de marketing plus ou moins agressives.

Prenant acte de cette situation, il nous faut donc aujourd'hui, pour faire face à ces nouvelles menaces, donner des clés, élaborer de nouvelles stratégies de sécurité.

Nous verrons dans cet ouvrage que certaines méthodes d'infection, très performantes (par exemple la dissimulation de virus ou de spywares dans des images jointes à des e-mails) ont contaminé des dizaines de milliers de PC, pendant des semaines, sans que les éditeurs d'antivirus n'y fassent rien !

En d'autres termes — et nombre d'utilisateurs qui ont vu leur machine infectée au cours de ces douze derniers mois le savent — l'antivirus est désormais totalement insuffisant en matière de protection contre les logiciels malicieux. Utilisé seul, il est même largement contre-productif quand il laisse croire à son propriétaire que sa machine est correctement protégée !

La stratégie de sécurité passe aujourd'hui par la combinaison de plusieurs dispositifs, associés à des habitudes saines :

- utiliser un antivirus à jour ;

- utiliser un antispyware à jour ;

- mettre à jour ses logiciels ;

- modifier ses habitudes de surf ;

- connaître des méthodes d'éradication sophistiquées.

Nous développerons en détail tous ces points. Sachez que tous les outils nécessaires sont fournis sur votre CD-ROM (voir l'Annexe A pour plus d'informations).

Organisation de cet ouvrage

Pour vous présenter un panorama exhaustif et précis de l'univers des espions logiciels, nous avons architecturé cet ouvrage autour de thèmes : spywares, troyens, logiciels antivirus, stratégie de défense.

Chaque chapitre est dédié à une méthode d'escroquerie et structuré comme suit :

- présentation de la technique ;

- étude de quelques cas significatifs ;

- contre-mesures et méthodes pour se protéger.

Les dix chapitres qui composent cet ouvrage ont pour objectif de vous aider à comprendre ce qu'est la sécurité d'un PC aujourd'hui.

Au **Chapitre 1**, "2005 : l'année de l'instabilité", nous essayerons de comprendre comment des milliers de spywares et autres espions logiciels ont pu se répandre en si peu de temps.

Au **Chapitre 2**, "Qu'est-ce qu'une infection ?", nous reviendrons sur l'histoire de la virologie. Nous expliquerons ce qui différencie un virus d'un troyen ou d'un spyware. Nous élaborerons une nouvelle définition pour décrire ces logiciels : le "code malicieux".

Au **Chapitre 3**, "Virus, spywares et autres", nous étudierons tous les types de logiciels malicieux, et leurs modes d'action.

Parce que le spyware et le logiciel malicieux contemporains sont étroitement liés au nouveau vecteur de diffusion qu'est Internet, nous développerons au **Chapitre 4**, "Les méthodes de diffusion des spywares", les techniques d'infection mises en œuvre.

Nous décrirons ensuite les meilleures stratégies de défense.

Le **Chapitre 5**, "Les logiciels pour se protéger", explore les nouveaux outils de protection de nos PC. On y découvrira que l'antivirus n'est plus qu'un maillon accessoire de la chaîne de protection.

Au **Chapitre 6**, "Comparatif des antispywares", nous procéderons à une évaluation des antispywares, mis en situation réelle, et découvrirons que leur utilisation est souvent pleine de surprises.

Les quatre autres chapitres sont pratiques et concrets.

Au **Chapitre 7**, "En pratique : nettoyer un PC", nous verrons comment nous débarrasser malgré tout des "malwares" les plus collants !

Au **Chapitre 8**, "Vie privée et antispywares", nous étudierons les menaces que font peser sur notre vie privée les cookies traceurs et les régies publicitaires "indiscrètes". Nous apprendrons à nous prémunir de ces intrusions encore méconnues.

Au **Chapitre 9**, "Les parasites de la musique !", nous verrons aussi que les réseaux peer-to-peer sont des vecteurs importants de diffusion de logiciels malicieux.

Nous achèverons cet ouvrage avec le **Chapitre 10**, "Stratégie globale pour se protéger", qui tentera de redéfinir les comportements et les méthodes que l'utilisateur doit adopter en 2005 pour défendre son PC contre les intrusions. La boucle sera bouclée et vous serez, nous l'espérons, parfaitement défendu !

Droit et spyware

La législation française est formelle :

Article 462-4 de la loi relative à la fraude informatique : "*Quiconque aura, intentionnellement et au mépris des droits d'autrui, directement ou indirectement, introduit des données dans un système de traitement automatisé, ou supprimé ou modifié les données qu'il contient ou leurs modes de traitement ou de transmission, sera puni d'un emprisonnement de trois mois à trois ans et d'une amende de 2 000 F euros à 150 000 F ou de l'une de ces deux peines.*"

Pour ce qui est du droit européen, les spywares ne sont guère mieux tolérés : "*Chacun a droit au respect de sa vie privée et familiale, de son domicile et de sa correspondance*" (Convention pour la protection des droits de l'homme et des libertés fondamentales).

La directive 95/46 de la Communauté Européenne indique : "*les données à caractère personnel sont toute information concernant une personne physique identifiée ou identifiable*". Elle précise que l'utilisation de ces données n'est pas licite "*... sauf consentement explicite de la personne concernée...*".

Mieux, la directive 2002/58 de la Communauté Européenne définit ainsi le spyware : "*(...) les logiciels espions, les pixels invisibles (Web bugs), les identificateurs cache et les autres dispositifs analogues peuvent pénétrer dans le terminal de l'utilisateur à son insu afin de pouvoir accéder à des informations, stocker des informations cachées ou suivre les activités de l'utilisateur, et peuvent porter gravement atteinte à la vie privée de ce dernier. L'utilisation de tels dispositifs ne devrait être autorisée qu'à des fins légitimes, et en étant portée à la connaissance de l'utilisateur concerné.*"

Pour en savoir plus, consultez : **http://europa.eu.int/eur-lex/pri/fr/oj/dat/2002/l_201/l_20120020731fr00370047.pdf**.

Il n'y a donc aucun doute : tous ces spywares et ces espions qui prolifèrent – il faut bien l'avouer, avec la bienveillance du droit nord-américain – sont totalement illégaux en Europe et pourraient valoir aux dirigeants des sociétés qui les exploitent des peines de prison ! En attendant, ils sont quand même là, et il va falloir s'en débarrasser !

Visitez le site de l'auteur

Le site de l'auteur (**www.echarton.com**) recense l'ensemble des publications relatives à la sécurité. Le blog traite au quotidien des problèmes de sécurité et de l'évolution des logiciels malicieux. Vous pouvez le consulter sur :

http://www.echarton.com/blog

Visitez tout particulièrement sa section "Spywares et virus", sur :

http://www.echarton.com/blog/archives/cat_espionnageetspyware.html

Toute correspondance est la bienvenue. Vous pouvez envoyer vos questions, remarques et critiques en utilisant la rubrique "Contact" du site.

Les mises à jour et les compléments d'informations

Le site propose, dans sa rubrique "Support", un ensemble d'informations complémentaires. La rubrique "Questions et réponses relatives à la sécurité", régulièrement mise à jour, répondra peut-être à l'une de vos questions techniques. Elle traite de thèmes généraux relatifs à la sécurité informatique, mais contient aussi une section entièrement dédiée aux spywares et aux virus. Vous pouvez la consulter à l'adresse :

http://www.echarton.com/support.html

La rubrique "Liens utiles" donne des accès directs à certains sites importants, ou à des pages référencées dans cet ouvrage. Elle fournit aussi la liste des liens vers les sites des éditeurs des utilitaires employés dans cet ouvrage. Si vous ne souhaitez pas saisir les adresses HTTP indiquées dans ce livre, rendez-vous à l'adresse suivante où vous pourrez accéder directement aux pages de mise à jour et de téléchargement de Nero et des autres outils présentés dans ce livre :

http://www.echarton.com/liens.htm

2005 : l'année de l'instabilité

Les internautes débranchent leurs PC : ordinateurs pollués, envahis par les spywares, affichant à la moindre connexion des dizaines de publicités, écrans noyés sous les pop-ups, ordinateurs ralentis à la vitesse de l'escargot, c'est sûr, en 2004, le seuil du tolérable a été franchi pour beaucoup.

PC pollués, envahis, ralentis, inutilisables : 2004 a vu l'explosion de la pollution d'Internet par des milliers de fichiers et programmes toxiques pour les ordinateurs.

D'après une étude réalisée par EarthLink, un ordinateur sur trois serait infecté par des spywares ou des chevaux de Troie. Sur 1,5 million d'ordinateurs audités, on y a trouvé 500 000 spywares et autres logiciels espions. Nous avons tous été victimes, au cours des douze derniers mois, d'une invasion de notre PC par l'un des logiciels toxiques dont nous allons parler. Notre point commun ? L'usage d'Internet, véhicule de ces troubles d'un nouveau genre.

Question : Internet est-il devenu inutilisable et économiquement dangereux pour ses utilisateurs ? Assurément non : dédramatisons avec cette première évidence. Admettons que, comme tout lieu d'échanges, Internet attire escrocs, voleurs et marchands sans scrupules. C'est inévitable.

Il n'empêche, quand un quartier regorge de voleurs, on le fuit. Quand un commerçant a la réputation d'escroquer ses clients, on se le dit. Mais que faire quand notre ordinateur, à notre insu, laisse entrer dans ses entrailles des parasites toxiques ? Jeter le PC par la fenêtre ? Certains utilisateurs, lassés de devoir sans cesse réinitialiser leur machine, y songent.

C'est de cette réaction que les éditeurs, les fabricants d'ordinateurs ont peur. Car le développement du pollupostage (envoi de spam), des spywares, du phishing et autres escroqueries logicielles en tout genre commence à provoquer un réel raz-le-bol chez les utilisateurs.

Au point que ceux-ci envisagent de plus en plus souvent, et très sérieusement, de débrancher purement et simplement leurs micro-ordinateurs et d'en revenir aux bons vieux outils d'antan. On peut les comprendre : on ne compte plus les utilisateurs dégoûtés par des PC payés une petite fortune, devenus lents et sujets à une multitude de pannes à cause de tous ces codes malicieux qui prolifèrent.

Pour les industriels qui fabriquent les logiciels et les matériels, la situation est d'autant plus inquiétante qu'elle a explosé en à peine quelques mois. Imaginer aujourd'hui, après des années d'efforts pour normaliser les matériels et en améliorer la convivialité, que des utilisateurs puissent remiser leur PC dans un placard, par dépit, c'est une catastrophe.

Considérer en plus que c'est à cause d'Internet – nouvelle vache à lait commerciale utilisée pour les commandes, la publicité, le support technique – que les utilisateurs se désespèrent de voir des micros inutilisables, littéralement farcis de virus, ralentis et plantant à tout instant, est encore plus exaspérant.

Et pourtant c'est un fait : Internet pourrit de plus en plus souvent, lentement, et de l'intérieur, le bon fonctionnement de nos micro-ordinateurs. Enfin, paniqués, les acteurs du marché se décident à prendre le problème à bras-le-corps : ils ont raison, nous le verrons, les diffuseurs et exploiteurs de logiciels escrocs, espions et autres spywares sont si nombreux et performants que seules de grandes entreprises (voire des Etats) peuvent leur opposer une résistance farouche.

C'est par exemple AOL qui édite le guide "Surfez zen" (**http://www.zen.aol.fr/**) [voir Figure 1.1] pour aider les utilisateurs à limiter les infections et les attaques. Ou encore Microsoft qui achète en catastrophe un éditeur d'antivirus et un autre d'antispyware pour publier le plus vite possible des logiciels antiviraux.

La prolifération galopante des spywares

Mais à quoi ressemble cette nouvelle menace ? Les sociétés EarthLink et Webroot définissent les spywares comme toute application ou logiciel installés sur une machine sans l'autorisation de son propriétaire.

Figure 1.1 : Surfez zen, le guide d'AOL pour éduquer les utilisateurs.

Voilà la tendance : tenter par tous les moyens d'implanter sur un ordinateur un logiciel dans le but de gagner de l'argent ou d'escroquer l'utilisateur. Evidemment, ce type d'installation "sauvage" n'est pas sans conséquences. Toute intrusion se fait forcément au détriment de la sécurité et de la stabilité d'un système. Et quand l'intrusion est massive…

Car ce qui est stupéfiant en matière de spywares, c'est leur prolifération, sans équivalent dans l'histoire de la micro-informatique : en vingt ans, nous n'avons vu la diffusion "que" de 1 500 virus (sans compter les variantes).

Pour ce qui concerne les spywares et adwares, ce sont – selon McAfee, fin 2004 – plus de 7 000 logiciels et leurs variantes qui ont vu le jour en moins de deux ans. La société Webroot avait recensé en 1997 à peine 200 spywares. La plupart du temps, il ne s'agissait alors que de cookies malintentionnés sans grandes conséquences sur la stabilité du système (voir Chapitre 8) : il y avait évidemment violation de la vie privée, mais l'utilisateur pouvait continuer à se servir de sa machine et ne risquait pas d'être victime d'escroqueries (fraude à la carte bancaire, par exemple).

En 2005, le nombre de ces spywares (cookies compris) approcherait les 30 000, avec près de 400 nouveaux venus par semaine ! On imagine l'ampleur de la menace, et la difficulté pour les utilisateurs de se protéger !

Ces codes malicieux installés sauvagement contiennent des adwares (logiciels de diffusion de publicité) qui vont pister les habitudes des internautes pour leur envoyer de la publicité correspondant à leur comportement. C'est la facette "pseudo-légale" de ces logiciels intrusifs.

D'autres spywares très répandus s'apparentent plus à des vecteurs d'escroquerie. Ce sont les keyloggers. A l'insu de l'utilisateur, ils "écoutent" leur clavier, puis récupèrent mots de passe, noms d'utilisateurs ou informations bancaires et les expédient vers des boîtes aux lettres (en Asie le plus souvent) en vue d'une utilisation illégale.

Certains internautes ont ainsi pu s'apercevoir que dès qu'ils étaient reliés à Internet leur ordinateur expédiait des quantités astronomiques de données, sans objet apparent : ils étaient victimes de keyloggers.

Ce que coûtent les spywares

Evidemment, qu'ils soient publicitaires, traceurs ou voleurs, ces spywares et logiciels malicieux ont des conséquences économiques importantes. On peut évaluer leur coût en considérant :

- Le temps perdu par l'utilisateur qui ne peut se servir de sa machine.

- Le temps perdu par les fournisseurs d'accès Internet qui voient la bande passante qu'ils achètent littéralement pillée par ces logiciels autant malicieux qu'inutiles.

- Le coût direct des fraudes sur les utilisateurs, et celui induit par les moyens à mettre en œuvre pour bloquer les menaces.

Ainsi, en 2004, on considère que les spywares auraient coûté près de 2,4 milliards de dollars aux seuls consommateurs et banques américaines victimes de fraudes et de vols d'informations bancaires, consécutivement à l'installation de ce type de mouchard.

Pire, les coûts de maintenance induits par l'invasion des spywares ne sont même pas évalués ; ils sont, eux aussi, probablement astronomiques.

D'après Microsoft, les surcoûts en matière d'assistance technique (support téléphonique, Internet, réinstallation de systèmes) liés aux spywares se chiffrent en millions de dollars, rien que pour les grands constructeurs d'ordinateurs. L'éditeur a un moyen infaillible de détecter et d'évaluer les méfaits des logiciels malicieux : les outils de rapport de défauts intégrés à Windows (Docteur Watson notamment – voir Figure 1.2). Et comme le déclarait un responsable de l'éditeur : "*Au Top 100 des causes de crash de Windows XP, sur 27 millions de cas recensés par Docteur Watson, les logiciels non désirés sont responsables à 64 %. Cela représente à peu près 1,5 milliard de crashs par an. C'est monstrueux.*"

Figure 1.2 : Docteur Watson.

Par ailleurs, la nuisance induite par les spywares n'est plus seulement "domestique". De plus en plus d'entreprises subissent les assauts de ces logiciels (nous le verrons, parfois sous des formes très sophistiquées) qui rendent dans certains cas leurs réseaux Internet complètement inutilisables !

Monde de l'entreprise : 90 % des ordinateurs sont victimes de spywares

Selon l'*Atelier*, "*Les spywares (ou logiciels espions) représentent aujourd'hui l'un des risques de sécurité les plus communs et affectent directement la vie privée des utilisateurs.*" Toujours d'après l'*Atelier*, "*Selon un récent rapport des sociétés Webroot et EarthLink, neuf ordinateurs sur dix (en entreprise) logent des spywares.*" Les ordinateurs analysés dans le cadre de cette étude hébergeaient chacun en moyenne 25 programmes de type spyware.

Pour en savoir plus, visitez la page **http://www.echarton.com/blog/archives/04-01-2005_04-30-2005.html#355**.

Ce qui distingue un adware d'un spyware

La problématique est nouvelle et difficile à gérer car la particularité des logiciels malicieux, et spécialement les adwares (espions publicitaires), est aussi qu'ils s'installent parfois avec le consentement de l'utilisateur. Un consentement, notons-le, complètement biaisé : les adwares sont difficiles à identifier, ils s'installent avec des logiciels gratuits ou de démonstration, lors de procédures d'enregistrement en ligne.

Bien souvent, l'installation soi-disant "librement consentie" est obtenue en invitant l'utilisateur à cocher une case d'"'acceptation de licence" sans afficher le texte de cette licence. Cette dernière, composée de plusieurs dizaines de pages, est totalement illisible et presque toujours en anglais.

On voit aussi des fenêtres de validation très ambiguës, qui reprennent la forme et l'interface de Windows, et indiquent : "Votre PC est probablement infecté par un virus, voulez-vous le supprimer ?" Evidemment, l'utilisateur répond oui, mais il accepte en réalité l'installation d'un adware ou d'un spyware. Les apparences sont sauves, mais le procédé est évidemment déloyal ! On exploite les faiblesses de l'utilisateur, qui valide (trop) souvent de façon impulsive les différents écrans de configuration.

Le vrai spyware intrusif est encore plus vicieux puisqu'il s'installe *via* le Web, par l'entremise de fichiers piégés (y compris musicaux) sans consentement initial. Il n'est pas rare qu'il s'installe sans aucune intervention de l'utilisateur, en exploitant directement les failles de sécurité des PC : dans ce dernier cas, même les utilisateurs les plus expérimentés se sont fait piéger ces douze derniers mois !

Ils s'installent aussi avec des logiciels gratuits ou de démonstration. Nous verrons que le succès du peer-to-peer est intimement lié à l'invasion par les spywares : à lui seul, le logiciel KaZaA (voir Figure 1.3) a probablement propagé plusieurs milliards (vous avez bien lu) de spywares ! Ainsi, au Top 10 des spywares les plus répandus, on trouve par exemple PerfectNav – logiciel redirecteur – installé… avec KaZaA !

Concrètement, adwares et spywares existent sous la forme de fichiers binaires, scripts, exécutables .exe ou fichiers .dll. Ils s'installent dans le répertoire système de la machine et fonctionnent comme un service afin de pouvoir être activés au démarrage. En modifiant la base de registres, ils déstabilisent à moyen terme le système d'exploitation. La plupart d'entre eux ne sont pas associés à un programme de désinstallation fonctionnel.

En résumé, non seulement l'installation des adwares et des spywares est très difficile à prévenir, mais surtout leur éradication par un utilisateur non expérimenté est quasiment impossible !

Le marché de l'antispyware génère des contre-feux imparfaits

Dans ce contexte, les éditeurs ont bien évidemment cherché des solutions. Il faut dire que le marché des antispywares s'accroît exponentiellement ; il a atteint, selon IDC, un chiffre d'affaires de 47 millions de dollars en 2004, et le chiffre prévisionnel de 106 millions de dollars est avancé pour 2005 (voir Figure 1.4).

Aujourd'hui, les éditeurs plus généralistes se lancent sur ce nouveau segment. Premier à avoir franchi le pas l'an passé, Computer Associates, qui a acquis l'éditeur PestPatrol et son logiciel du même nom. Aladdin a ajouté récemment à sa passerelle eSafe un nouveau module contre les logiciels espions. Trend Micro et McAfee se préparent à compléter leur offre. Nous testons dans cet ouvrage la version bêta de la solution Symantec. Nous parlerons aussi de Microsoft qui a sa solution antispyware.

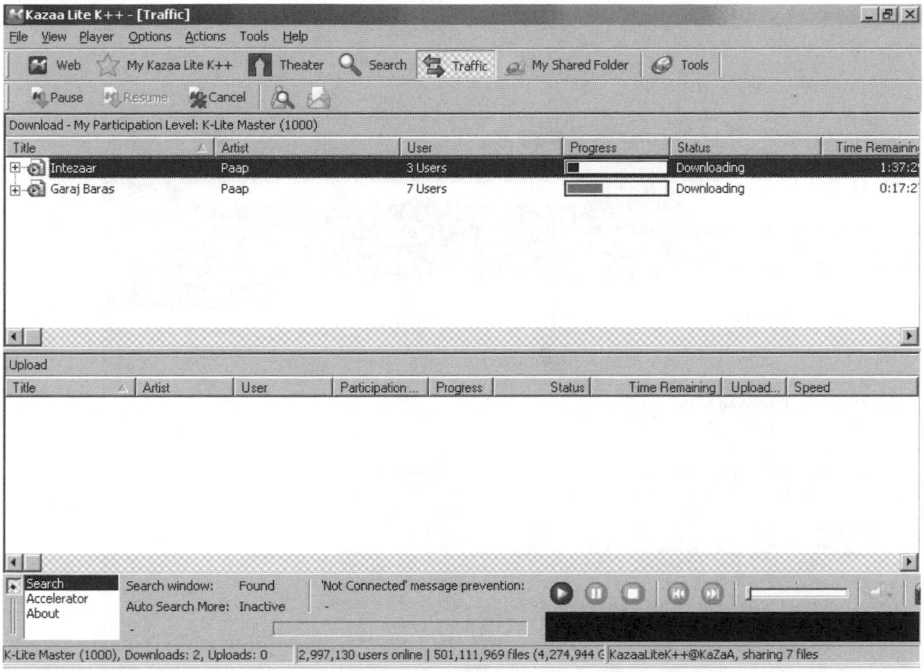

Figure 1.3 : KaZaA a été l'un des moteurs du phénomène spyware.

A quoi servent les logiciels parasites ?

A quoi et à qui servent ces milliers de logiciels parasites, virus, spywares, malwares, ces escroqueries sophistiquées qui reposent sur leur utilisation, ou encore sur le "phishing" ou le "keylogging" ? Peut-on dire, comme hier, qu'ils sont le fruit de l'activité cérébrale de quelques programmeurs boutonneux et antisociaux ? Probablement pas !

L'argent, le nerf de la guerre

Vu l'envergure de certaines attaques et la sophistication de certains "escrocwares", on perçoit bien que tout cela est le fruit de bandes organisées, bien équipées, aux compétences redoutables, voire d'entreprises ayant pignon sur rue, comme nous le démontrerons.

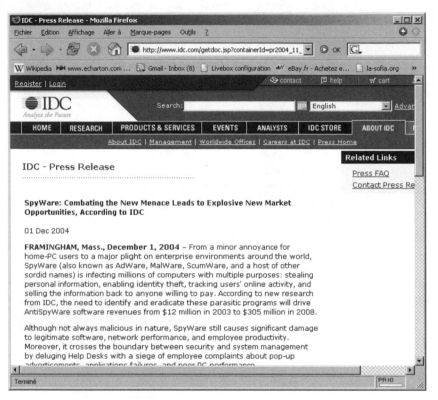

Figure 1.4 : Un marché juteux.

Contrairement aux virus dont l'objectif est de détruire, de déstabiliser les ordinateurs, les "créations malicieuses" contemporaines n'ont bien souvent qu'un seul but : gagner ou voler de l'argent ! Et le capital risque, nous le verrons, est souvent présent dans cette industrie capitaliste.

Ajoutons à ces deux objectifs principaux, un troisième, plus discret, mais tout aussi dévastateur : vous rendre la vie impossible. Disons-le, un certain nombre de spywares et de virus (tel que Nopir – lire encadré et voir Figure 1.5) s'attaquent aux utilisateurs de réseaux peer-to-peer et polluent les fichiers qu'ils téléchargent.

Dans quelques cas, il est clairement établi que des sociétés spécialisées sont mandatées par l'industrie du média pour infecter le réseau Internet (lire le Chapitre 9 sur l'infection par peer-to-peer pour plus de détails).

Figure 1.5 : Le virus Nopir détruit vos fichiers MP3.

Le virus Nopir-B, de l'antipiratage à la française

Les mauvaises langues diront qu'il vient des sbires de l'industrie musicale. Le virus Nopir-B se diffuse en effet sur les réseaux P2P avec comme objectif d'effacer l'intégralité des fichiers MP3 présents sur les disques durs. Et tant pis pour la musique libre !

Pour plus de détails, voyez la page **http://www.echarton.com/blog/archives/ 04-01-2005_04-30-2005.html#379**.

Récapitulons :

- **Premier objectif : gagner de l'argent.** Quand des entreprises publicitaires accompagnées au besoin des capitaux risqueurs, et même de grandes entreprises annonceuses, n'hésitent plus à utiliser le spyware le plus sauvage comme outil d'affichage de publicité.

  Un vrai scandale : le capitalisme le plus dur, avec ses méthodes agressives, fait irruption dans nos ordinateurs ! Imaginez qu'un individu s'introduise en fraude chez vous, la nuit, et appose sur tous vos murs des étiquettes ventant les mérites de certains produits. Le spyware, c'est exactement cela, mais sur votre ordinateur.

- **Deuxième objectif : voler de l'argent.** Le spyware est aussi illégal et vindicatif. Quand il n'est pas émis par une régie publicitaire, il est conçu par des pirates, voyous, experts en technologie. L'infection par spyware peut servir à espionner votre clavier, à utiliser votre ordinateur à votre insu, dans un but illégal. L'objectif peut être de voler vos numéros de cartes de crédit, mais également d'utiliser votre carnet d'adresses, voire votre PC, pour envoyer des publipostages sauvages.

- **Troisième objectif : déstabiliser le réseau Internet.** Et tout particulièrement les réseaux d'échanges en peer-to-peer (voir Figure 1.6).

Figure 1.6 : Les sociétés spécialisées dans la lutte contre les réseaux peer-to-peer.

Tout est permis !

Dans tous les cas, peu importe la finalité de l'infection. Un seul mot d'ordre : "tout est permis !", comme l'ont bien compris ces escrocs qui ont été parmi les premiers à tenter de profiter de l'effet tsunami (voir Figure 1.7).

L'escroquerie, l'arnaque, sont intimement liées à l'histoire de l'humanité : quand il y a de l'argent quelque part, il y a toujours des professionnels qui se feront un devoir de vous le soutirer. Ne poussez pas de hauts cris : votre ordinateur est désormais relié au monde, et dans ce nouveau Far West numérique sans lois ni frontières pullulent aussi les aigrefins et les filous !

La seule différence, c'est que jadis, pour escroquer les vieilles dames, on se déguisait en policier et on passait une seule fois dans le quartier. Pour voler les détenteurs de bas de laine, on montait une seule arnaque.

Aujourd'hui on utilise des techniques de pointe, on cible des millions d'ordinateurs. En d'autres termes, avec le gigantesque réseau ouvert qu'est Internet, c'est chaque jour de plusieurs dizaines d'escroqueries dont vous pouvez être la victime. Rassurez-vous, nous allons vous expliquer comment vous protéger !

Le tsunami exploité

A peine quelques jours après la catastrophe qui a frappé l'Asie du Sud-Est, les boîtes aux lettres des utilisateurs recevaient les premiers e-mails d'appel à la générosité, tentant – évidemment – d'installer un spyware ou un virus.

Par exemple, le ver VBSun se propage actuellement par e-mail, sous la forme d'une pièce jointe exécutable. Un message, en anglais, vous incite à cliquer sur cette pièce jointe : "*Aidez-nous grâce à votre don et lisez le document ci-joint.*"

Evidemment, on a dit et répété aux utilisateurs de ne jamais cliquer sur une pièce jointe expédiée par un utilisateur inconnu. Mais cette pièce-ci s'intitule tsunami.exe, alors certains faiblissent. Cela active un vulgaire programme exécutable écrit – les développeurs vont rire – en Visual Basic, que la majorité des antivirus du marché détectent depuis longtemps automatiquement, tant il est générique ! Et les spywares sont dans la place.

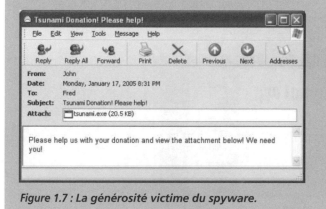

Figure 1.7 : La générosité victime du spyware.

De graves violations de la vie privée

En attendant, ce qui nous a le plus choqués au cours de l'enquête qui a conduit à l'écriture de cet ouvrage, c'est le caractère très hautement indiscret de tous ces logiciels parasites. Pour la plupart, ils n'ont pour but – souvent avoué, c'est ce qui est consternant – de collecter des données personnelles, des informations sur vos habitudes, pour cibler de la publicité ou améliorer les ventes d'un site Internet.

On vous traque, on vous piste, on vous "profile" avec un seul but : manipuler votre cerveau pendant vos accès à Internet pour vous pousser à acheter quelque chose. Et sans complexe ! Il suffit de visiter quelques sites de marketing en ligne pour comprendre à quel point les acteurs d'Internet aujourd'hui n'ont qu'une ambition : dresser votre profil pour mettre en œuvre ce qu'ils appellent le "ciblage comportemental". Nous consacrerons un chapitre entier à cette technique, malheureusement efficace.

Car il faut bien reconnaître que l'association des spywares, malwares, adwares ou autres cookies persistants avec des logiciels sophistiqués peut aussi prendre la forme d'un profilage mondial des individus.

Tout existe en informatique, tout est possible. Une entreprise bien équipée (et d'ailleurs certaines ne s'en cachent pas) peut virtuellement dresser un portrait numérique extrêmement précis de n'importe quel internaute. Pour prendre conscience de ce que peut faire la technologie, visitez cette adresse : **http://www.anonymat.org/ vostraces/index.php**... et tremblez (voir Figure 1.8).

Figure 1.8 : La collecte de données personnelles.

Sur cette simple page, avec des techniques de base, on sait d'où vous venez, on connaît votre adresse IP et quelques renseignement sur votre ordinateur : ça vous paraît beaucoup ? Ce n'est pourtant rien à côté des informations que les spywares ou les cookies collectent de manière transversale, c'est-à-dire en vous espionnant méthodiquement sur plusieurs sites Web pendant toute une session de surf !

Apprendre à connaître les intrusions sur son ordinateur

Pour clore ce chapitre, arrêtons-nous un instant sur les méthodes employées dans cet ouvrage et également par les chercheurs et experts que nous avons contactés. En effet, puisque le spyware est par définition "caché", il est permis de se demander comment nous avons pu les identifier pour comprendre leurs mécanismes et les conséquences de leurs actions.

Sur ce dernier point, et notamment en matière de violation de la vie privée, il est évident que les entreprises commerciales sont extrêmement discrètes sur leurs activités et sur le contenu des données qu'elles collectent.

Avouons-le, nous n'avons que peu de faits très précis en cette matière, tout au plus un ensemble d'indices qui mis bout à bout constituent des éléments de preuve.

Pour évaluer la menace, déterminer les contours de l'attaque, il nous aura fallu installer sciemment sur nos ordinateurs des spywares, des adwares, et les étudier, les observer, avec des renifleurs de réseau, par exemple, ou encore des scanners (pour en savoir plus sur ces techniques, reportez-vous à l'ouvrage *Hacker's Guide* du même auteur, chez le même éditeur).

Nous avons également dû pister des diffuseurs de spywares : chercher les noms des entreprises qui se cachent derrière les noms de domaines, évaluer les liens qui relient des sociétés entre elles. Pas toujours facile ! Sachez que tout ce qui est écrit ici a été recoupé et vérifié.

Mais soyez conscient aussi que ce que nous affirmons n'est probablement qu'une infime partie de l'univers du logiciel malicieux, tant celui-ci est entouré de secret. Consternant, non ?

Les noms des virus

Lors de leur découverte, les virus (les spywares, les cookies intrusifs) se voient attribuer un nom. Celui-ci est en théorie conforme à la convention signée en 1991 par les membres de la CARO (*Computer Antivirus Research Organization*). Ce nom est composé ainsi. Le préfixe décrit le mode d'infection (macrovirus, cheval de Troie, ver, etc.) ou le système d'exploitation concerné. Le nom lui-même reflète une de ses particularités ou la faille qu'il exploite (Swen est l'anagramme de News, Nimda l'anagramme d'Admin, Sasser exploite une faille LSASS, etc.). Le suffixe est un numéro de version (les virus sont souvent repris sous formes de variantes).

Malheureusement, les laboratoires d'analyses des différents éditeurs antiviraux affectent parfois leur propre appellation aux virus sur lesquels ils travaillent, ce qui rend difficile la recherche d'informations.

C'est ainsi, par exemple, que le virus Netsky dans sa variante Q est appelé W32.Netsky.Q@mm chez Symantec, WORM_NETSKY.Q chez Trend Micro, W32/Netsky.Q.worm chez Panda et I-Worm.NetSky.r chez Kaspersky.

Il est cependant possible d'effectuer des recherches génériques pour un nom donné grâce à des moteurs de recherche spécialisés, comme ceux de Virus Bulletin ou de Kevin Spicer.

Source : ***www.wikipedia.fr.***

Qu'est-ce qu'une infection ?

La notion de virus informatique telle que nous l'entendions jusqu'ici n'a plus guère de sens. Sous les coups de boutoir des spywares, des adwares et autres codes informatiques furtifs, la définition de virus a volé en éclats, au profit d'un concept beaucoup plus subtil : le "malware" ou "logiciel malicieux".

Il y a encore peu, on qualifiait d'infection toute intrusion d'un virus sur un PC, et ses conséquences. Le problème était simple : un morceau de logiciel – le virus – cherchait par divers moyens à s'installer dans votre ordinateur, puis à produire dans ce dernier des effets néfastes.

Au chapitre de ces effets, on pouvait recenser la modification de données, voire leur destruction, ou le changement de comportement de l'ordinateur (affichage de messages, par exemple) [voir Figure 2.1].

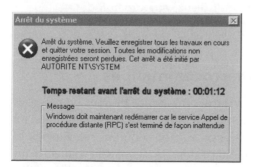

Figure 2.1 : Les effets des premières générations de virus.

Les générations de codes malicieux

C'était la première génération de virus. Leur propagation se faisait à l'époque (jusqu'à l'avènement d'Internet) *via* des fichiers et des médias. On savait, par exemple, qu'installer sur un ordinateur un programme de jeux dont la source était mal identifiée pouvait permettre l'installation d'un virus.

> **DICO**
>
> Un **virus informatique** est un petit programme écrit dans le but de se dupliquer sur d'autres ordinateurs. Il peut aussi avoir comme effet, recherché ou non, de nuire en perturbant plus ou moins gravement le fonctionnement de l'ordinateur infecté. Il peut se répandre par tout moyen d'échange de données numériques comme les programmes, mais aussi les disquettes, les CD-ROM, les clés USB, etc.
>
> *Source : **www.wikipedia.fr.***

Premier constat : jusqu'à une période récente, aucun virus n'était capable de se propager autrement qu'au travers d'un fichier exécutable.

Les méthodes de prévention étaient donc particulièrement aisées à mettre en œuvre : le simple fait de n'installer sur son PC que des logiciels dont la qualité de la source était clairement identifiable (grands sites de téléchargement, CD de magazines) suffisait à maintenir un très haut niveau de propreté à nos ordinateurs.

Différence entre programme et fichier

Le programme s'exécute sur notre ordinateur. Il contient les instructions qui permettent au processeur de produire des actions, des calculs. Le programme est donc actif. Le fichier ne contient que des données : il est lu par un programme mais n'a aucune intelligence propre. Le fichier est donc passif et ne peut théoriquement pas produire d'action (telle que la propagation d'un virus). A l'usage, l'accroissement de l'"intelligence" de nos applications a conduit à donner aux fichiers une petite dose d'autonomie qui fait d'eux, aujourd'hui, des vecteurs actifs de la propagation de virus.

Les virus à propagation par macrocommandes

Le défi pour les auteurs de virus était donc de trouver d'autres moyens de propagation, plus anodins et insoupçonnables : plutôt que de passer par les programmes, les auteurs allaient essayer de se servir de fichiers. Textes, images, données : en apparence, ces fichiers sont passifs (voir l'encadré plus haut), donc incapables de véhiculer un programme (le virus est toujours un programme, avec un minimum d'intelligence).

Sauf… que les éditeurs de solutions bureautiques, ou de logiciels en tout genre, ont offert au fil des ans des possibilités nouvelles à leurs produits : pour rendre un texte ou une donnée plus performants, plus facilement utilisables, on les a dotés d'un embryon d'intelligence, la "macrocommande".

Une macrocommande est une sorte de langage informatique de haut niveau qui peut être contenu dans un texte Word, par exemple, ou un tableau Excel. Dans ces conditions, le fichier *texte.doc* peut lui aussi contenir de l'intelligence et devenir vecteur d'une infection.

> **INFO** Un descriptif mécanique du fonctionnement des virus macro est disponible à l'adresse suivante : **http://users.pandora.be/martin.melchior/fr/anmacro.html**.

Certaines applications donnent ainsi à leurs macros la possibilité d'accéder aux fichiers. C'est à partir de ces familles de programmes qu'il devient possible de créer des macros se dupliquant par elles-mêmes. On peut dès lors les appeler virus.

Le premier virus macro (DMV) a été écrit par J. McNamara pour démontrer qu'il était possible de créer de tels virus. Les premiers virus macro destructeurs sont apparus en 1995. Ils infectaient presque tous les documents Word.

Aujourd'hui, le nombre de virus macro devrait avoisiner les 1 800 (on en découvre plus de cinq chaque jour). Et nombre d'entre eux sont encore utilisés à l'heure actuelle (bien que parfaitement identifiés et détruits par tous les antivirus du marché) pour diffuser des spywares.

> **DICO** **Variantes :** "*Nouvelles familles de virus qui empruntent directement le code de virus connus à des niveaux différents. Les variantes sont généralement identifiées par une ou plusieurs lettres ajoutées à la suite du nom de la famille de virus (par exemple VBS.LoveLetter.B, VBS.LoveLetter.C, etc.).*"
>
> *Source : Faq Symantec (**http://securityresponse1.symantec.com/sarc/sarc-intl.nsf/html/fr-glossary.html**).*

Le fonctionnement d'un virus macro est très simple : il recherche des fichiers cibles sur les mémoires de masse, et les infecte (c'est la mécanique du virus classique) pour qu'ils infectent d'autres fichiers à leur tour.

Il peut aussi avoir une stratégie plus simple et se contenter d'infecter un fichier modèle de Word (intitulé NORMAL.DOT). Ce dernier deviendra alors propagateur du virus chaque fois que l'utilisateur créera un nouveau document !

Voici un récapitulatif des techniques d'infection par macros :

- Infection ou non du fichier NORMAL.DOT (ou équivalent).

- Modification des menus, par exemple Save As (sauvegarde le virus en plus du document).

- Emploi de raccourcis clavier : les virus entrent en action dès qu'on tape une certaine combinaison de touches (par exemple "t" ou "s", ou "Ctrl + C").

- Sauvegarde de la macro dans ou hors du fichier infecté.

- Certains virus dissimulent le menu macro, empêchant le contrôle des macros. D'autres modifient ce menu de telle façon qu'il semble vide (virus furtifs).

- Virus et/ou données encryptés par mot de passe (virus polymorphes).

- Infection de fichiers exécutables (.com, .exe, etc.).

La plupart des virus macro (voir Figure 2.2) se contentent d'infecter les fichiers documents, mais certains – plus sophistiqués puisqu'ils doivent utiliser deux modes de propagation très différents techniquement – infectent les fichiers exécutables du DOS (et donc Windows également). On peut citer, par exemple, Anarchy.6093.

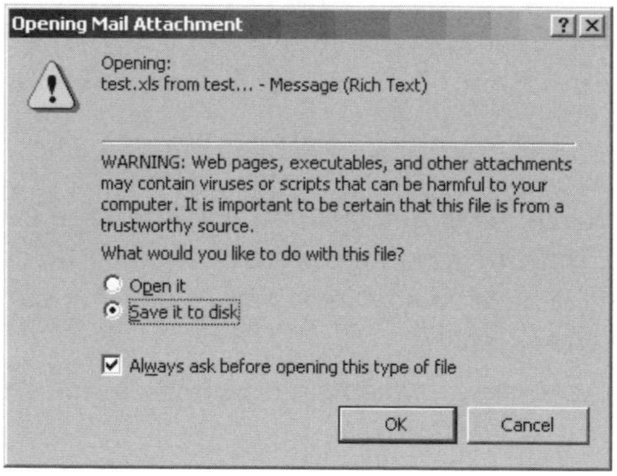

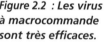

Figure 2.2 : Les virus à macrocommande sont très efficaces.

Les premiers virus à propagation par réseau

Les virus macro sont donc très efficaces, mais ils se propagent moins depuis que les utilisateurs les connaissent. Bien informés, bien équipés, les utilisateurs et leurs ordinateurs sont plus difficiles à atteindre. Il fallait donc pour les auteurs de virus trouver d'autres solutions.

Avec l'apparition d'Internet, c'est du côté des réseaux que les auteurs de virus se sont tournés. En inventant des virus nouveaux, d'abord propagés par e-mails, ils ont réussi de véritables prouesses. C'est le phénomène des vers (voir Figure 2.3).

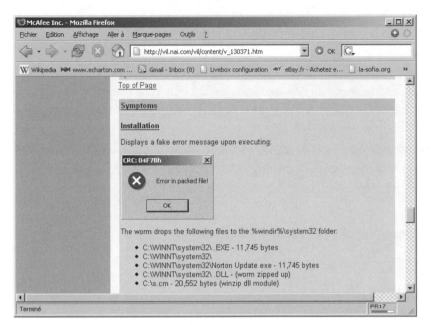

Figure 2.3 : Un exemple de ver.

Les auteurs de ces virus d'un nouveau genre utilisaient le plus souvent vos carnets d'adresses. Une fois introduits dans le PC, ces virus capturaient les adresses e-mail du logiciel de messagerie et s'en servaient pour se répliquer, en émettant de nouveaux e-mails en direction de vos correspondants.

Rien ici que du virus macro classique, mais adapté à un nouveau mode de propagation. D'ailleurs, ce sont certaines variantes de virus macro classiques, tels que XM97/Papa, qui ont été modifiées pour utiliser des programmes de courrier électronique comme Outlook.

Le principe d'un ver est donc très simple : il s'agit d'un programme qui peut se reproduire et se déplacer en utilisant des fonctions d'un réseau. Les premiers vers ont eu affaire à des machines sans défense, si bien qu'ils ont parfois créé de véritables phénomènes de déstabilisation à l'échelle de la planète.

L'idée n'était pas neuve.

Un ver très célèbre

L'un des vers les plus célèbres et les plus anciens a été diffusé en 1988 par un étudiant, Robert T. Morris, de l'université de Cornell. Après avoir fabriqué un programme, non destructif – sa démarche était expérimentale – capable de se propager sur un réseau, il a été littéralement dépassé par les capacités de sa créature.

Exploitant une faille dans le mode *debug* du programme Sendmail d'UNIX, le ver s'est propagé en moins de huit heures et a paralysé des milliers de machines d'universitaires, de sites militaires et de centres de recherche médicale. Sa propagation a été telle qu'un ralentissement sensible du réseau Internet s'est fait ressentir à l'échelle planétaire !

Ironie de l'histoire, le père de Robert T. Morris était à l'époque à la tête de l'agence de renseignements électroniques américaine, la NSA (*National Security Agency*) qui a elle-même été touchée par le ver (voir Figure 2.4).

Figure 2.4 : L'affaire Morris.

Une fois encore, cette méthode d'infection est obsolète en 2005. Le ver contemporain, écrit en Visual Basic, est assez simple à éradiquer : il suffit d'utiliser un antivirus.

Les codes malicieux contemporains

Ce dont nous parlons aujourd'hui n'a plus rien à voir avec toutes ces époques de la virologie informatique. Le virus moderne, et son descendant le spyware, ne répondent plus aux mêmes objectifs. Ils sont plus sournois et se propagent par des moyens hautement sophistiqués. Voilà pourquoi on parle de moins en moins de virus, et de plus en plus de "malware" : le code malicieux.

Résumons : hier, le virus, le ver se propageaient le plus souvent en demandant l'aide d'un utilisateur : installation d'un programme, exécution d'une pièce jointe à un e-mail.

Aujourd'hui, le "malware" n'a plus forcément besoin de vous : certes, il continue parfois d'être véhiculé grâce à vos actions, mais d'une manière beaucoup plus sournoise. Il se cache dans un fichier multimédia, il se dissimule derrière une page HTML, dans une image : vous surfez, vous observez une image ? Hop ! Il est chargé…

Mais il y a pire ! Il peut aussi entrer tout seul dans votre PC à cause d'une faille de sécurité (voir Figure 2.5). Nous allons en parler.

Figure 2.5 : Les failles de sécurité sont diffusées au travers de bulletins.

Le rôle prépondérant de Microsoft et de ses failles de sécurité

On ne rappellera jamais assez le rôle absolument prépondérant de Microsoft dans le phénomène d'infection massive par des virus et des spywares que nous observons depuis 2004. Ne voyons pas de malice dans ce propos, ou même de parti pris : Microsoft, sa famille de systèmes Windows et de logiciels compagnons (Explorer, Outlook, MSN) sont les plus diffusés au monde.

C'est donc très logiquement que les milliers d'auteurs de virus et de spywares déploient leur énergie en direction des produits de cet éditeur.

Toujours est-il que si Linux, Mac et autres sont peu attaqués par les spywares et autres logiciels malicieux, c'est aussi parce que Microsoft a laissé dans son système des failles de sécurité parfois béantes.

Qu'est-ce qu'une faille de sécurité ? Une défectuosité d'un logiciel, qui permettra à un programme malintentionné de produire une action sur un ordinateur sans que son propriétaire en soit informé. Au chapitre des failles de sécurité, on peut citer :

- La capacité d'exécuter un code, c'est-à-dire de lancer un programme dans des circonstances non prévues. C'est typiquement le cas des virus par commandes macro, par exemple, mais également de certains fichiers multimédias qui contiennent des codes malicieux (voir Figure 2.6).

- La capacité de voler des données et de prendre le contrôle d'un ordinateur : ce sont ces failles de sécurité qui sont utilisées par des spywares chargés de publier des spams à votre insu. Ces failles sont également mises en œuvre par des virus contrôlés à distance, chargés de mener des attaques d'envergure, de déni de service par exemple.

- La capacité de mettre hors service un ordinateur : c'est une faille de sécurité assez peu utilisée dont la finalité est seulement de rendre la vie d'un utilisateur impossible... ce qui ne sert pas à grand-chose, et surtout ne rapporte pas d'argent (voir l'encadré Dico, "Attaque par déni de service", un peu plus loin) !

Au cours des trois années passées, Microsoft n'a eu de cesse de publier des failles de sécurité, et les correctifs logiciels qui les accompagnent (ces correctifs comblent la faille en question et font disparaître la vulnérabilité) [voir Figure 2.5].

Ces failles de sécurité ont concerné toutes les applications : Windows, bien sûr, mais aussi Media Player, Internet Explorer, Outlook, Office. Chacune d'entre elles pouvait potentiellement servir de porte d'entrée pour un virus ou un spyware. Ces failles consistaient en de simples défauts logiciels, mais aussi en défauts de certains fichiers : des fichiers sonores, par exemple, pouvaient dans certains cas infecter un ordinateur avec un spyware (cette faille, nous le verrons, a été utilisée dans le cadre de la lutte contre le téléchargement en peer-to-peer).

Figure 2.6 : Un exemple de malware contenu dans une image se propageant par faille de sécurité.

Attaque par déni de service

DICO

On parle de déni de service quand un utilisateur d'ordinateur est privé d'un service informatique qu'il est en droit d'utiliser en temps normal. On trouvera, par exemple, des dénis de service touchant le service de courrier électronique, l'accès à Internet, les ressources partagées (pages Web) ou tout autre service à caractère commercial, comme Yahoo! ou eBay (qui ont fait l'objet d'attaques par le passé).

L'utilisation des fonctions réseau des systèmes

Soyons clairs : si Microsoft est victime d'autant de failles de sécurité, ce n'est pas forcément à cause de l'incompétence de ses programmeurs. Tout utilisateur de Linux, avec un minimum de bagage système, sait que cette plate-forme est elle aussi percluse de failles de sécurité. Si Windows XP et consorts se comportent comme des passoires, c'est qu'ils sont extraordinairement complexes (donc forcément défectueux), et surtout quasi systématiquement reliés au réseau Internet. Un cocktail explosif !

Rien qu'en France, on dénombre près de 11 millions d'ordinateurs ! Et dès qu'un ordinateur est relié à Internet, il ouvre grand ses portes (les failles de sécurité) à tous ceux qui le voient (au bas mot 800 millions d'autres ordinateurs, potentiellement).

Par le passé, vous faisiez attention aux disquettes que vous installiez dans votre PC, mais que pouvez-vous faire aujourd'hui si le simple fait d'être relié au réseau fait de vous une cible vulnérable et passive ?

Rien ! En tout cas avec les moyens de défense classiques.

C'est le réseau Internet qui rend les virus, spywares, malwares, adwares, appelez-les comme vous voulez, d'aujourd'hui si imprévisibles, si collants, et surtout si difficiles à juguler :

- Ils peuvent arriver par les mécanismes classiques et anciens : un e-mail contient un fichier à exécuter, vous le lancez, le virus est installé.

- Ils peuvent être cachés dans une page HTML visualisée sur Internet : il suffit de surfer pour être infecté !

- Ils peuvent être dissimulés dans un fichier en apparence sans capacités d'infection : image, séquence sonore, etc.

En résumé, ne culpabilisez pas si votre machine est infectée par des spywares, adwares et autres "machinwares" : l'invasion est sauvage, d'envergure, elle utilise des failles dont vous ne pouvez même pas soupçonner l'existence.

L'antivirus ne suffit plus !

Que conclure de ce constat ? Que malwares, spywares, keyloggers, chevaux de Troie, virus classiques sont une sorte d'espace mouvant et informe, qu'il n'y a plus de règle en la matière.

L'infection virale informatique est aujourd'hui protéiforme. Trop d'utilisateurs en sont encore restés à la classique notion d'antivirus (voir Figure 2.7). Avec évidemment pour conséquence le phénomène que nous avons constaté en 2004 : une invasion planétaire de codes malicieux.

Disons-le : être équipé d'un antivirus ne suffit plus, en tout cas pas si votre ordinateur est relié à Internet ! Avoir des comportements d'utilisateur informé est souvent insuffisant. Aujourd'hui, les virus ou les spywares entrent dans votre ordinateur, parfois par centaines, sans que vous vous en aperceviez, sans aucune action de votre part, et souvent sans que votre antivirus ne lève un sourcil !

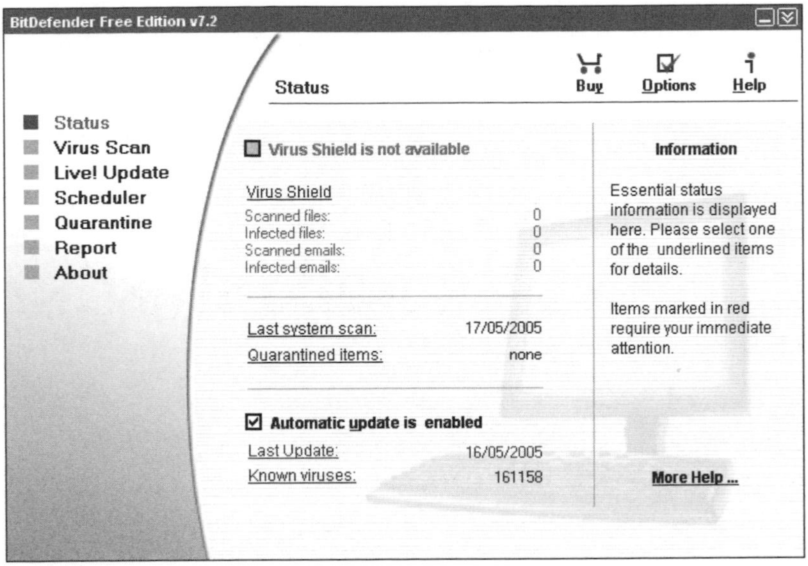

Figure 2.7 : L'antivirus seul ne vous protège plus si vous êtes relié à Internet.

Depuis les années 90 et jusqu'en 2004, l'auteur de ces lignes a toujours utilisé des PC en réseau, non équipés d'antivirus, sans qu'aucune infection ne se produise. Un firewall suffisait pour éviter les infections (voir Chapitre 5).

En 2004, des centaines de spywares et de logiciels escrocs sont entrés dans sa machine sans même qu'il s'en aperçoive !

Ajouter un antivirus n'y a rien fait : lors de la première infection d'envergure de son PC, début 2004 (une centaine de spywares chargés), l'auteur a testé Norton Antivirus, Mc Afee et quelques autres. Ils étaient totalement incapables de produire un quelconque résultat ! Ils étaient impuissants. Et les choses n'ont guère changé en 2005. Nous verrons que ce sont des combinaisons de programmes, d'actions manuelles et de bonnes habitudes qui permettent de se débarrasser des "logiciels malicieux".

Que les choses soient claires : tous les utilisateurs doivent revoir leur stratégie de sécurité s'ils veulent protéger leurs ordinateurs !

Virus, spywares et autres

Si l'antivirus ne suffit plus, c'est que le virus sous sa forme classique – un logiciel destructeur et autoreproducteur – n'existe presque plus. Ce sont d'autres formes de codes malicieux, hybrides, qui ont pris le pas sur lui. Explications et descriptions des "virus" modernes.

Le spyware est un terme générique. A l'origine, on qualifiait ainsi les logiciels "espions". Mais quelle forme prend cet espionnage ? Là est la question. Le spyware espionnera rarement vos disques durs, vos données personnelles. Le plus souvent, il se contentera de collecter des données sur vos habitudes, à des fins publicitaires. Ce qui ne retire rien, d'ailleurs, à sa toxicité.

On peut dater la naissance des spywares avec l'affaire Amazon Alexa (voir Figure 3.1).

Alexa se présente comme une barre supplémentaire dans votre navigateur (il change votre page d'accueil et vous propose des liens choisis). Rien de bien méchant en apparence. L'Alexa toolbar (voir Figure 3.2), qui s'installe gratuitement depuis le site **alexa.com**, offre une fonction de recherche (comme la Google Toolbar), mais elle affiche surtout le rang mondial du site visité et présente les autres sites visités par d'autres internautes ayant demandé le même site que vous.

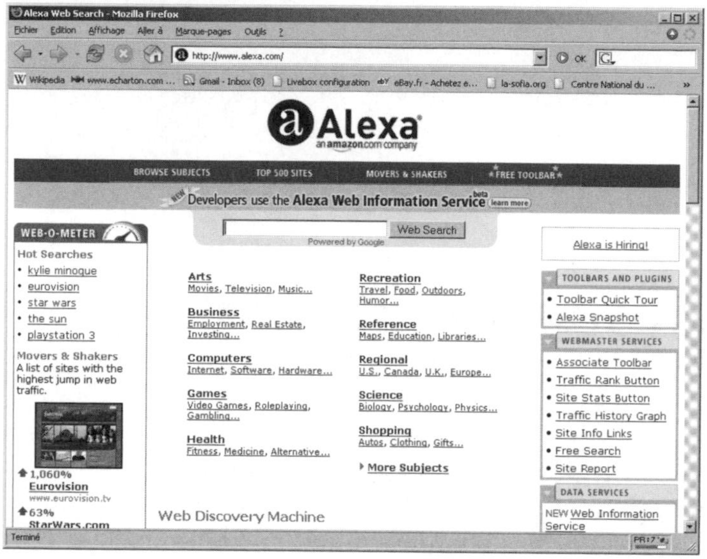

Figure 3.1 : Alexa, le premier auteur de spyware ?

Figure 3.2 : La barre de navigation Alexa.

Et pourtant, le 19 avril 2001, suite à une poursuite judiciaire (voir Figure 3.3), les sociétés Alexa et Amazon (qui a racheté la première) ont été contraintes d'aviser les internautes de la présence d'un mouchard, par le biais d'une charte de bonne conduite (**http://pages.alexa.com/settlement/**) qui dit en substance :

> "Alexa détecte l'adresse des sites que vous visitez, les informations que vous tapez dans les formulaires en ligne et les mots clés que vous utilisez dans les moteurs de recherche […] La version 5.0 comptabilise également les divers produits que vous achetez en ligne."

En d'autres termes, il a été démontré qu'Alexa avait espionné les utilisateurs sans les informer convenablement de l'action de la barre d'outils implémentée.

Nul ne saura jamais si Alexa a été utilisée par Amazon pour récupérer des données sensibles et créer ainsi des profils très précis d'acheteurs potentiels. Certain l'affirment… Le fait est qu'avec les données que collecte Alexa, conjuguées aux cookies laissés par Amazon chez les internautes qui visitent le site, la technologie le permet.

C'est l'une des premières affaires connues de spywares.

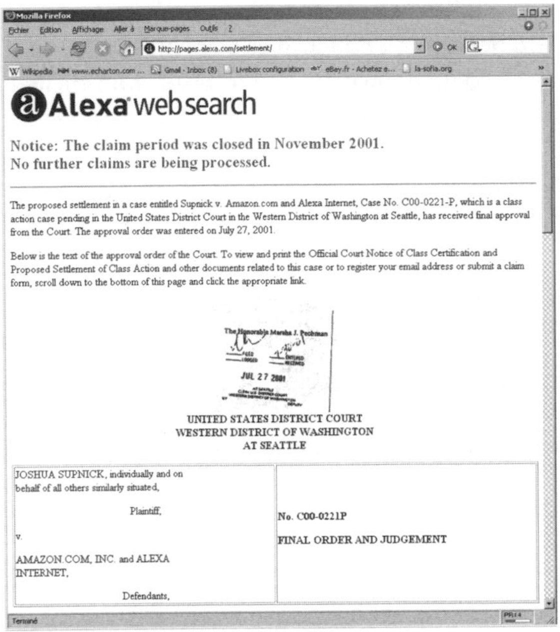

Figure 3.3 : L'injonction reçue par Alexa.

Spyware ou malware ?

Arrêtons-nous quelques instants sur le mot spyware, et tentons de le définir précisément. En termes simples et volontairement réducteurs, nous pourrions dire que le spyware est un logiciel qui transmet des informations personnelles identifiables, depuis votre ordinateur vers un endroit quelconque d'Internet, sans que vous le sachiez.

Ce qui caractérise aussi le spyware, c'est que vous ne l'installez pas vous-même, comme vous le feriez avec un programme. Il n'a d'ailleurs que très rarement la forme d'un programme classique : le spyware ressemble plutôt à de petits modules additionnels (*add-on*) que, théoriquement, vous devriez pouvoir désactiver pendant l'installation.

Autre espèce incluse dans la catégorie spyware : les cookies traceurs. Les cookies sont partout sur Internet. Leurs rôles sont plus ou moins utiles. Des publicitaires installent souvent des cookies chaque fois que votre navigateur charge une de leurs bannières.

Dans ce cas, et si ce cookie contient un GUID (*Global Unique Identifier*, identificateur unique – le GUID est un numéro permettant d'identifier de manière unique et certaine un composant matériel ou logiciel d'un ordinateur, ou l'ordinateur lui-même), la société est avertie de chacune de vos visites sur un site qui est en partenariat avec elle.

Nous reviendrons au Chapitre 8 sur cette dernière catégorie particulière de fichiers espions, en perpétuelle évolution.

Un principe : l'installation secrète

Dans tous les cas, le principe du spyware est de se propager de manière secrète. Les entreprises ou les individus qui diffusent des spywares ou des adwares vont tout faire pour installer ce type de parasite à votre insu : les uns, sous les apparences de la légalité, en utilisant des contrats biaisés (les publicitaires), les autres en déployant tous les moyens d'intrusion possibles.

Le contrat biaisé…

En théorie, et dans la plupart des cas, le spyware étant installé par une société (ou un tiers mandaté par elle), son installation devrait être accompagnée d'un contrat de licence qui vous indique clairement qu'un logiciel espion est en voie d'installation, avec les conséquences que cela implique.

En pratique, ce contrat existe parfois – comme dans le cas de Kazza – et contient quelques lignes au sujet du respect de la vie privée.

Mais de toute façon, et dans tous les cas, ou presque, lorsqu'un spyware est installé, le contrat de licence est rendu totalement incompréhensible par une multiplication de clauses : on noie l'utilisateur sous une avalanche de texte.

Lorsque vous installez un logiciel sur votre PC (tel KaZaA, mais nous verrons qu'il en existe d'autres), lisez-vous vraiment les 30 000 caractères qui composent son contrat ? (voir Figure 3.4) Probablement pas !

En général, la plupart des utilisateurs ne lisent donc pas complètement ce contrat de licence et ignorent qu'ils vont installer des spywares dans leur système. C'est pourtant dans ce contrat que vous apprendrez qu'en installant un logiciel donné, vous allez aussi installer des espions !

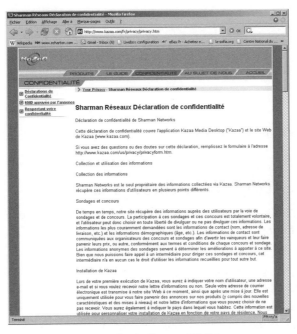

Figure 3.4 : Un exemple de licence illisible.

L'installation "violente"

Le logiciel contenant des spywares, associé à un contrat biaisé émis par une entreprise, est la méthode la plus douce d'installation de spywares et de malwares. Certes, au final, le résultat est le même : votre PC est infecté sans que vous le sachiez !

Mais ce n'est pas cette technique de propagation qui va transformer votre PC en infection vivante, rempli de plusieurs milliers de spywares, et devenu totalement inutilisable. Au plus, avec cette méthode, pourriez-vous récupérer une petite dizaine d'espions qui pourraient ralentir modérément votre machine. Exaspérant, certes, mais pas bien méchant.

Ce qui fait que vous allez récupérer des centaines de logiciels espions ou malicieux, ce sont les techniques violentes d'installation : pages Web piégées, utilisation de spam, fichiers MP3 vérolés et exploitation des failles de sécurité (voir Figure 3.5).

N'oublions pas non plus le cheval de Troie, utilisé par un individu peu scrupuleux pour installer de nouveaux espions sur votre machine ! Nous donnerons plus loin des dizaines d'exemples de techniques et de stratégies employées.

Figure 3.5 : Un exemple de tentative d'installation sauvage.

Le spyware et le malware sont impossibles à désinstaller

Des quelques points que nous venons d'énoncer, nous pouvons donc déduire que le véritable logiciel malicieux a au moins une caractéristique : il est collant, intrusif et difficile, voire impossible, à supprimer.

Certaines entreprises ont d'ailleurs astucieusement joué sur cette ambiguïté de la désinstallation pour justifier de la non-toxicité de leurs spywares. 180Solutions, par exemple – qui installe dans le monde entier ses spywares impossibles à éradiquer – fournissait sur sa page d'accueil une "méthode de désinstallation" pour justifier que ses espions n'en étaient pas (voir Figure 3.6) !

Figure 3.6 : 180Solutions et ses solutions bidons !

Résumons le problème !

Lorsque vous installez un logiciel sous Windows, il se plie à un certain nombre de contraintes établies par le système. Pour ne pas provoquer de troubles, le logiciel respecte un ensemble de méthodes, d'une part pour éviter de perturber les autres logiciels, et d'autre part pour permettre à l'utilisateur de supprimer cet outil de sa machine quand il le souhaitera :

- L'une des contraintes que respecte le logiciel "légitime", par exemple, est de ne pas polluer les bases de registres (lire encadré Dico).

- Une autre contrainte est de ne pas s'activer pendant le démarrage de l'ordinateur sans votre accord.

- Il est aussi demandé au logiciel qui s'installe de laisser une trace de sa présence pour permettre une désinstallation "propre" et automatisée au maximum.

 Base de registres

DICO   Un système fondé sur Windows est assemblé avec de nombreux logiciels et matériels. La gestion de cet assemblage est complexe : pilotage des périphériques (processeur, BIOS, cartes PCI), gestion des logiciels, gestion des différents profils, etc. Les informations indispensables pour gérer cette complexité sont centralisées dans une structure particulière, le registre, qui est un fichier.

Il existe une procédure de désinstallation dans Windows : elle est accessible par le biais du Panneau de configuration, section Ajouter/ Supprimer des programmes. Cette procédure devrait être disponible pour tout logiciel présent sur votre machine.

Mais les auteurs de spywares veulent rester discrets.

Les stratégies employées par le spyware ou le malware seront donc – en violation de toutes ces règles de bon fonctionnement du système – les suivantes :

- se cacher ;

- rendre toute désinstallation impossible ;

- polluer les bases de registres pour pouvoir se réinstaller après que vous l'avez effacé !

C'est une violation grave du fonctionnement de Windows, qui peut entraîner une instabilité et conduire à des plantages très ennuyeux. Ce comportement est la cause des instabilités chroniques des systèmes constatées ces derniers mois.

Différences entre un spyware et un logiciel loyal

En ce sens, lorsqu'un spyware ou un malware ne peuvent être désinstallés aisément, on peut définitivement les apparenter à un virus. S'il est nécessaire de bidouiller les bases de registres, ou d'utiliser un logiciel antispyware pour désinstaller un programme, il doit être immanquablement classé dans la catégorie des malwares.

C'est pour ce motif qu'on considérera que la barre de navigation de la société Alexa, par exemple, ou les adwares des sociétés Radiate ou Cydoor sont des spywares. La barre de navigation de Google (voir Figure 3.7), qui pourtant fonctionne quasiment de la même manière, est, elle, considérée comme un logiciel normal :

- Google ne cherche jamais à installer sa barre à votre insu, ce qui n'est pas le cas de Radiate ou Cydoor.

Figure 3.7 : La Google Toolbar fonctionne exactement comme certains spywares, mais elle n'est pas considérée comme telle.

- Google vous informe sans chercher à vous tromper que sa barre peut examiner votre navigation et transmettre des données ; les autres "barres de navigation" de type spyware tentent par tous les moyens à dissimuler ce fait (voir Figure 3.8).

- Google n'active pas la fonction de transmission de données par défaut : c'est vous qui devez cocher cette option. Dans le cas des barres de Cydoor ou autres, cette fonction est dissimulée et active par défaut.

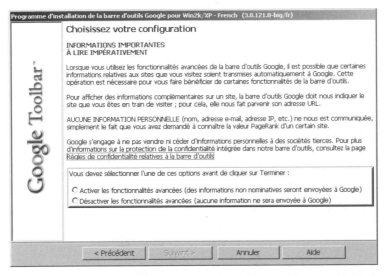

Figure 3.8 : La Google Toolbar vous prévient de ses actions et ne s'active pas par défaut.

- La barre de Google peut être aisément désinstallée en utilisant les fonctions de Windows XP ; à l'inverse, le spyware est caché et ne peut être retiré sans l'aide d'un antispyware (voir Figure 3.9).

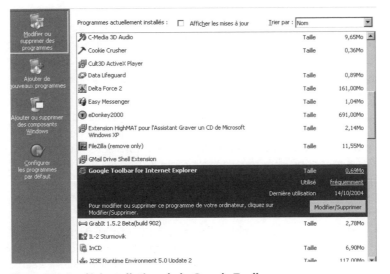

Figure 3.9 : La désinstallation de la Google Toolbar.

- Une fois désinstallée, la Google Toolbar ne revient pas ; celles des entreprises qui diffusent des spywares se réactivent toujours !

Après cette comparaison, les entreprises telles que Radiate (voir Figure 3.10) pourront toujours essayer de faire croire qu'elles sont "honnêtes" et ne cherchent pas à installer violemment des spywares ; les faits démontrent sans aucun doute qu'elles mentent !

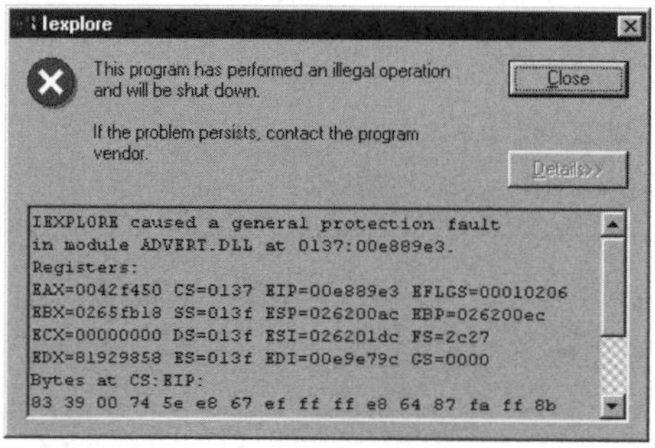

Figure 3.10 : La procédure de désinstallation impossible de Radiate.

Les conséquences de l'invasion

Le résultat de ces méthodes inacceptables, nous l'avons sous les yeux aujourd'hui :

- En installant sauvagement leurs programmes d'espionnage sur nos ordinateurs, ces entreprises déstabilisent nos systèmes.

- En ne respectant pas les conventions d'installation et de désinstallation, leurs spywares, adwares et autres malwares nous empêchent de nettoyer nos machines.

Une classification complémentaire des spywares peut être opérée en fonction de leur constitution logicielle et de leur mode de fonctionnement :

- Le spyware *intégré* (ou interne) est une simple routine incluse dans le code d'un programme. Il a pour fonction de lui donner en plus la possibilité de collecter et de transmettre *via* Internet des informations sur ses utilisateurs. Les logiciels espions concernés sont, par exemple, Gator, New.net, SaveNow, TopText, Alexa et Webhancer, ainsi que la totalité des mouchards. Windows XP, par exemple, est lui aussi capable de transmettre des données personnelles à Microsoft, mais à des fins de maintenance.

- Le spyware *externalisé* est une application autonome qui dialogue avec un serveur. Ce sont ces applications que l'on découvre le plus fréquemment. Le spyware de Cydoor, par exemple, est associé au logiciel peer-to-peer KaZaA ; il s'installe en même temps que lui mais séparément. KaZaA n'est donc pas un spyware intégré, mais il installe des spywares externalisés.

Les familles de parasites

Nous allons maintenant examiner plus en détail les diverses catégories de codes malicieux et leur mode de fonctionnement. Commençons par les plus connus :

- **Les virus et malwares.** Ce sont les codes malicieux historiques, conçus pour infecter votre ordinateur, éventuellement détruire vos données et surtout se propager.

- **Les chevaux de Troie et les keyloggers.** Ce sont des logiciels qui permettent la prise de contrôle d'un ordinateur à distance. En eux-mêmes ils ne se propagent pas (mais des virus ou des vers peuvent leur servir de véhicule). Ils peuvent être employés pour des opérations illégales ou des escroqueries d'envergure.

- **Les logiciels espions : spywares, adwares, barres de navigation intrusives.** Ils ne détruisent rien et ne se propagent pas (mais des virus ou des vers peuvent leur servir de véhicule). Leur objectif principal est de collecter des données sur vos habitudes de navigation et d'afficher des publicités. Ils prennent le contrôle de votre ordinateur et sont très intrusifs. La propagation de ces logiciels se fait exclusivement par Internet.

- **Les cookies traceurs.** Passifs, ils sont utilisés par des serveurs pour littéralement "tracer" vos habitudes de surf et dresser des profils très intrusifs.

Les virus et les antivirus

Les premiers parasites que nous décrirons sont les virus. Vous les connaissez forcément : tout utilisateur d'ordinateur en a été victime à un moment ou un autre. Nous avons décrit leur mode de propagation au Chapitre 2. Leur fonctionnement est assez simple. les dégâts qu'ils causent, simples eux aussi, n'en sont pas moins désastreux…

Un virus est un morceau de code informatique, furtif – c'est-à-dire caché dans un logiciel, un document, ou n'importe quel emplacement discret du système – à double finalité :

- Se propager pour infecter le maximum de machines.

- Détruire des données, bloquer un système, paralyser un réseau.

Paradoxalement, les virus sont infiniment plus faciles à concevoir que les spywares (beaucoup plus sophistiqués) : il existe même des logiciels pour les produire automatiquement, et jadis on a publié un livre pour expliquer comment les écrire !

Leur installation peut être prévenue simplement :

- Ne pas exécuter de pièces jointes envoyées par e-mail par des inconnus.

- Ne pas installer sur votre ordinateur de logiciels provenant de sources peu sûres.

Une fois l'infection intervenue, il est possible d'éradiquer un virus en utilisant un antivirus (voir Figure 3.11) : ces derniers font la fortune de quelques éditeurs (Symantec, Norton, Mc Afee, etc.). Les antivirus fonctionnent eux aussi de manière très simple :

- Ils sont capables de détruire un virus et de nettoyer votre PC, en reconnaissant la "signature" des virus, c'est-à-dire en analysant tous les fichiers contenus sur un ordinateur, et en cherchant à reconnaître le morceau de code informatique correspondant au programme du virus.

- Ils peuvent vacciner votre PC en prévenant, à l'aide d'un ensemble de stratégies, l'arrivée des virus.

Nous ajouterons à ces quelques caractéristiques des antivirus, une dernière : pour éviter de voir votre PC infecté par un virus, il vaut mieux qu'il ne soit pas la victime d'un cheval de Troie ou d'un spyware, sinon ça se complique franchement !

Cela signifie-t-il qu'un antivirus ne peut rien contre les virus si des spywares sont déjà présents sur l'ordinateur ? Malheureusement... nous l'avons déjà dit, la réponse à cette question est souvent oui !

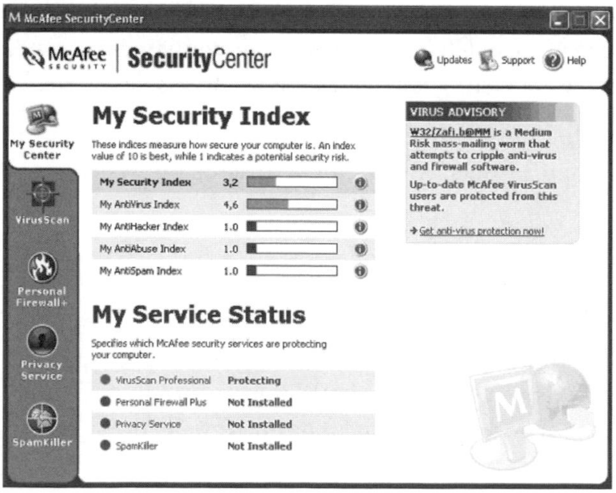

Figure 3.11 : Un antivirus en action.

Les malwares

A cette notion de virus se substitue aujourd'hui celle de "malware". Contraction de *"malicious software"*, le terme malware désigne les programmes spécifiquement conçus pour endommager un système ou entraver son fonctionnement normal.

Ils sont malicieux car ils sont imprévisibles : ils combinent entre eux les fonctions de troyen, de virus et de spyware. Ils utilisent plusieurs moyens de propagation. Quand une technologie est connue, ils en exploitent une autre ; programmés en code machine (le langage du processeur), mais aussi en macros ou en Java, ils sont nichés dans des logiciels (voir l'Annexe B) et des pages Web, rien ne les arrête.

Les antivirus détectent et éliminent une grande partie des malwares sans jamais toutefois atteindre 100 % d'efficacité dans tous les cas ; c'est bien le problème. Nous allons le voir avec les exemples qui suivent.

Les chevaux de Troie

S'il est un point de vulnérabilité potentiellement important pour tous les ordinateurs reliés aux réseaux et tout particulièrement sur intranet (ou accessibles depuis Internet), c'est bien le cheval de Troie une fois installé.

Quid ? Un logiciel, relativement furtif et difficilement détectable (bien que nombre d'entre eux installent le plus officiellement du monde des clés dans la base de registres de Windows), qui donne accès aux ressources de votre ordinateur au travers du réseau Internet.

Le cheval de Troie est donc composé d'un serveur installé sur votre machine, capable de réaliser certaines opérations : lister un répertoire, déplacer des fichiers ou, plus drôle, inverser l'écran, transformer le pointeur de la souris en petit animal, ou encore catastrophique, détruire le contenu de vos mémoires de masse. Il est associé à un client qui prend le contrôle du serveur à distance. Le troyen fonctionne exactement comme un outil de prise de contrôle à distance : la seule différence, c'est sa furtivité.

Et c'est en partie à cause de cette furtivité, et parce que les manipulations qu'il autorise peuvent être le fait d'un hacker invisible, qu'on qualifie le cheval de Troie de "virus". C'est aussi parce que le cheval de Troie est gratuit et développé par des individus, et non de grandes entreprises, qu'on le range dans la catégorie "dangereux pour votre PC". Enfin, c'est parce que certaines des fonctions du troyen permettent de porter atteinte à l'intégrité d'une donnée qu'on le qualifie de "destructeur".

Si vous souhaitez connaître tous les chevaux de Troie répertoriés, leurs actions, leurs signatures et leurs caractéristiques, consultez le site **http://www.glocksoft .com/trojan_port.htm**. Ce site vous fournit la liste des troyens les plus connus et la référence du port qu'ils utilisent, deux informations suffisantes pour les détecter et les détruire en utilisant les techniques présentées dans ce chapitre.

Pourtant, en tant que tel, légalement, le concept du cheval de Troie n'existe pas. Il est une sorte de volapük (langue artificielle qui a été supplantée par l'espéranto), une notion purement intellectuelle : il n'existe techniquement aucune différence entre l'outil d'administration à distance PC Anywhere vendu dans le commerce, ou Telnet, et le troyen Back Orifice (voir Figure 3.12). Le cheval de Troie, c'est d'abord un outil d'administration à distance, tout simplement. Avec un serveur et un client, point !

Figure 3.12 : Le célèbre Back Orifice en action.

Nous pourrions ajouter à la charge du cheval de Troie qu'il est parfois délicat à désinstaller – comme les spywares.

Pour en savoir plus sur les troyens, consultez l'ouvrage *Hacker's Guide* (éditions CampusPress), du même auteur, qui consacre un chapitre entier à ces logiciels.

En un sens, le spyware qui collecte vos habitudes de surf et les transmet à une entreprise est une forme de troyen. D'un autre côté, la vraie fonction du troyen, c'est plutôt d'ouvrir une porte sur votre ordinateur, porte qui sera ensuite utilisée par un pirate pour prendre le contrôle de votre machine, y télécharger et installer des spywares ou l'utiliser pour expédier des publipostages sauvages ou encore mener des attaques d'envergure.

Les "troyens-spywares"

On a pourtant eu au cours des derniers mois des exemples de troyens-spywares, avec des fonctions très sophistiquées, preuve s'il en est que la virologie informatique s'est profondément transformée et ne peut plus être observée sous le simple angle du code bien catégorisé.

Le cas du "troyen-spyware" Dder (voir Figure 3.13) est à cet égard assez édifiant : probablement installé sur des PC par l'entremise d'un site de loterie (fiche et histoire sur **http://www.f-secure.com/v-descs/dder.html**), ce programme – qui ne peut être considéré comme un virus – mixe plusieurs méthodes d'infection et d'intrusion.

Figure 3.13 : Un troyen espion !

Ce logiciel peut être qualifié de cheval de Troie. En effet, une fois installé, il se connecte à un site, renvoie une signature descriptive de l'ordinateur infecté (un numéro qui permet de reconnaître l'ordinateur par la suite), puis – malin – télécharge un fichier explorer.exe. Nom bien choisi : qui osera effacer un programme portant le nom de l'explorateur de Microsoft sur sa propre machine ?

Après un redémarrage, ce programme explorer.exe démarre régulièrement, se connecte à un site Web, envoie la fameuse signature descriptive de votre ordinateur, son adresse IP et les URL des sites visités. Problème, les URL en question peuvent être très intrusives :

- Sur un intranet, l'URL **http://intranet.societe.com/intra/draft-press-releases/ business.doc** peut pointer vers un document confidentiel : elle est récupérée par Dder.

- Les mots de passe sont parfois contenus dans les URL, par exemple **http:// www.shop.entreprise.com/login.cgi?username=eric&password=secret123**.

Autant d'informations que nous ne souhaitons pas voir partir dans la nature. Voilà du pur spyware ! Mais c'est la méthode initiale d'installation qui permet de qualifier Dder de "cheval de Troie" : un exemple imparable de la mixité des nouveaux logiciels parasites !

Heureusement, la plupart des antivirus récents savent éradiquer ce genre de troyen-spyware. Mais nous savons maintenant que les malwares sont en perpétuelle évolution, malheureusement.

Les keyloggers

Autre spécialité des troyens : le "reniflage" du clavier. Cela consiste à enregistrer dans un fichier absolument toutes les touches sur lesquelles un utilisateur a appuyé. Certains troyens (comme Back Orifice par exemple) incluent des keyloggers, qui sont aussi des spywares.

Outre que ce dispositif permet de prendre connaissance de tous les documents saisis et de tous les mots de passe échangés, il peut aussi, bien évidemment, collecter les codes d'accès définis pour protéger un réseau, une carte de crédit, un fichier !

Casse au keylogger !

C'est ainsi qu'il a suffi de quelques astuces pour réaliser le premier cybercasse chez un courtier en or. Certes, les pirates ont échoué, mais leur cas pourrait faire école !

INFO Pour vos expérimentations, nous vous fournissons un ensemble de keyloggers dans le répertoire "Keylogger" de votre CD-ROM. Keylogger, par exemple, est un petit freeware qui, une fois installé et activé, enregistre tout ce que vous saisissez au clavier.

Marchand d'or

Le discret marchand d'or Crowne Gold – la victime – est pourtant hautement préoccupé par sa sécurité informatique. Il cultive l'anonymat jusqu'à faire héberger ses serveurs en zone franche, dans les eaux internationales, au large de l'Angleterre. Cela n'a pas suffi à dissuader des pirates qui ont récemment tenté de transférer 7 millions de dollars appartenant à Crowne Gold vers un compte anonyme ouvert chez un autre courtier en utilisant un simple keylogger !

La technique utilisée peut faire rire ! Les pirates ont envoyé un simple e-mail au support technique du courtier. Ce courrier contenait un lien vers une page Web montée de toute pièce (technique du phishing dont nous reparlerons) et un texte explicatif (dont nous ne connaissons pas la teneur) suffisamment crédible pour qu'un administrateur de Crowne Gold s'y rende.

En visitant la page Web – évidemment piégée – l'administrateur de Crowne Gold a téléchargé sans le savoir un keylogger. Evidemment, le courtier assure être équipé d'antivirus à jour (ce que l'on croit bien volontiers), mais qui n'ont rien détecté.

Pour détourner 7 millions de dollars, un gang ou un escroc sont assurément prêts à dépenser les quelques milliers de dollars que coûte la conception d'un keylogger sur mesure, ou plus simple, à utiliser une version de keylogger non détectée par les antivirus.

En attendant, les pirates ont ainsi pu collecter une liste de mots de passe administratifs que le keylogger leur transmettait régulièrement au travers du firewall du courtier.

Munis de ces précieuses informations, les pirates ont attendu un jour férié pour s'introduire (avec les mots de passe) dans les serveurs de Crowne Gold et demander le transfert de l'argent. Heureusement pour le courtier, les procédures de transfert ont échoué.

La banque Sumitomo, victime d'une arnaque analogue (plusieurs centaines de millions de dollars) a elle aussi réussi à déjouer la tentative. Reste que la technique utilisée est pleine de promesses et si simple à mettre en œuvre !

Se procurer un keylogger n'est guère compliqué, certains sont promus sur le Web, par exemple invisiblekeylogger (**http://www.invisiblekeylogger.com/**) [voir Figure 3.14]. Invisible comme un spyware, capable de lire les e-mails et les URL, invisiblekeylogger est une véritable… vermine ! Des entreprises ont fait leur spécialité de la vente de keyloggers, toujours plus sophistiqués et furtifs. Vous pouvez par exemple vous rendre sur la page **http://www.widestep.com/best-key-loggers** (voir Figure 3.15).

Figure 3.14 : Invisible keylogger.

Figure 3.15 : Un site de vente de keyloggers.

Certains de ces keyloggers ont été diffusés de manière massive par des pirates pour tenter, à l'aide de logiciels spécialisés, de récupérer de grandes quantités de données, de les trier, et d'en extraire mots de passe et numéros de cartes de crédit. Nous avons vu un exemple plus haut.

Un spyware tel que Remote KeyLogger (**http://www.actualresearch.com/spydetails-158.html**), apparu en novembre 2004, a été largement propagé.

La propagation d'un keylogger peut se faire de plusieurs manières :

- En utilisant des pages Web piégées.
- En envoyant des e-mails piégés.
- En se servant des failles de sécurité ou des programmes "véhicules".

Nous y reviendrons. Nous verrons que rares sont les antivirus capables de déloger un keylogger ; quelques antispywares y parviennent, mais pas toujours…

Les spywares

Le spyware (ou logiciel espion) est un programme conçu dans le but de collecter des données privées sur des utilisateurs et de les envoyer à son concepteur ou à un tiers *via* Internet. Dans l'idée, rien de bien différent des keyloggers et des troyens que nous venons de découvrir.

La finalité du spyware, nous l'avons dit, est presque exclusivement commerciale. L'analyse de la navigation sur Internet peut permettre à une entreprise de stocker des informations privées – réelles ou supposées – sur le patrimoine, les finances, les origines raciales, les opinions politiques, philosophiques ou religieuses d'un individu. (Cette pratique est bien entendu interdite en France sans le consentement de l'intéressé.)

Je ne suis pas un spyware !

Il existe une véritable difficulté à qualifier un logiciel de "spyware" : certains éditeurs de solutions qui ont pignon sur rue, tels Alexa dont nous avons parlé, refusent catégoriquement cette classification qui leur est pourtant reconnue par des fabricants d'antivirus !

D'autres, qui sont franchement des créateurs de spywares, déploient des trésors de séduction pour sortir de la classification "spyware" !

Les familles de spywares

Si l'on exclut de la classification "spyware" les outils malveillants (keyloggers et troyens), on peut établir les familles de spywares suivantes :

- Les **spywares commerciaux** qui collectent des données sur leurs utilisateurs et interagissent de manière visible avec eux. Ils gèrent l'affichage de bannières publicitaires ciblées, déclenchent l'apparition de fenêtres pop-up, voire modifient le contenu des sites Web visités afin, par exemple, d'y ajouter des liens commerciaux. Ce sont les spywares les plus courants. Lorsque le spyware affiche exclusivement de la publicité, on parle aussi d'"adware", c'est-à-dire un "logiciel publicitaire".

- Les **mouchards** qui collectent également des données sur leurs utilisateurs mais le font dans la plus totale discrétion. La surveillance et la réutilisation éventuelle des données collectées se font à l'insu des utilisateurs, généralement dans des buts statistique ou de marketing, de débogage ou de maintenance technique, voire de cybersurveillance. L'existence de ces mouchards est délibérément cachée aux utilisateurs. Sachez que les cookies sont de plus en plus fréquemment remplacés par des logiciels actifs qui s'apparentent aux spywares (applications Java ou Flash, par exemple).

- Notez que l'on peut aussi qualifier d'adware des **logiciels gratuits** financés par la publicité incluse dans leur interface (voir Figure 3.16), ou les **outils en shareware** qui affichent de la publicité dans l'attente de l'achat du logiciel. C'est le cas d'outils de téléchargement tels que ceux de Gator, ou encore les logiciels KaZaA et Edonkey.

Figure 3.16 : La publicité affichée dans un logiciel.

Les barres de navigation "profileuses"

Terminons avec les spywares en examinant ces barres de navigation qui s'installent parfois toutes seules dans votre navigateur. Nous ne parlons pas des barres légitimes ici, telles que celles de Google ou encore Yahoo. Non, il s'agit bien de logiciels intrusifs qui se comportent comme des spywares, nous le verrons, qui ont été installés contre votre gré… et qui sont totalement impossibles à supprimer.

Les plus connues, et les plus sauvages, de ces barres de navigation sont 180solutions (**http://www.180solutions.com/**) [voir Figure 3.17] ou encore Claria (**http://www .claria.com/**) [voir Figure 3.18].

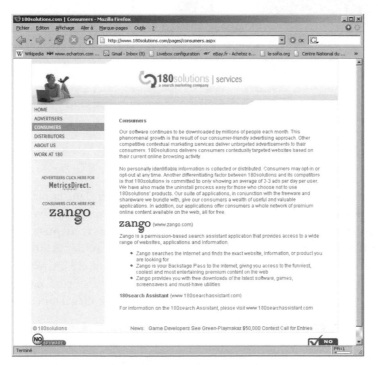

Figure 3.17 : 180solutions, le top de l'infection.

Claria utilise tout un ensemble de méthodes sauvages pour installer ses logiciels publicitaires sur les PC. On parle d'inclusion dans des logiciels de peer-to-peer (nous y reviendrons), on parle aussi d'installation au travers des pop-ups (voir Chapitre 4).

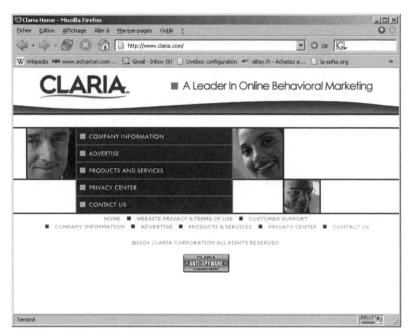

Figure 3.18 : Claria, une entreprise aggressive.

180solutions utilise aussi les tactiques les plus agressives pour entrer dans la place : il est courant que ce logiciel s'installe *via* des failles de sécurité (voir **http://www .benedelman.org/spyware/installations/ezone-180/**), sans aucun consentement des utilisateurs. 180solutions a beau crier que ces méthodes sont le fait de ses affiliés (des prestataires de services qu'elle rémunère, voir Figure 3.19), il a été en réalité prouvé qu'elle encourageait cette pratique. 180solutions n'hésite d'ailleurs pas à utiliser des sites pour enfants afin de propager ses spywares (ce qui est illégal tant aux Etats-Unis qu'en Europe).

Figure 3.19 : Un pop-up produit par une sidebar.

Sur le plan strictement technique, ces barres de navigation ne sont pas dangereuses en tant que telles, mais elles modifient les publicités qui s'affichent dans les pages mêmes de vos sites, et sont responsables de la plupart des pop-ups (voir Figure 3.20) que vous subissez.

Elles sont par ailleurs diffusées par des sociétés si agressives et amorales qu'on est légitimement en droit de se demander si on doit accepter que ces dernières puissent observer nos habitudes de surf...

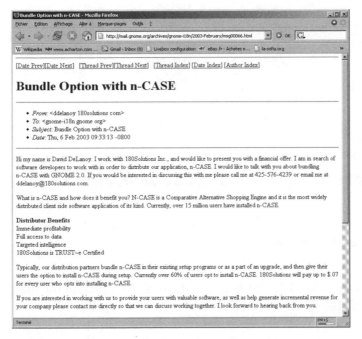

Figure 3.20 : Un message de 180Solutions démontrant que l'entreprise offrait 0,07 dollar par installation, sans se soucier de la méthode employée.

Symptômes

Les symptômes de toutes ces infections par des malwares sont innombrables : modification de votre navigateur (nouvelle barre de menus), ajout d'icône sur votre Bureau (parfois de nature sexuellement explicite), remplacement de fond d'écran (publicitaire), pop-ups, pages d'erreurs non standard, pages de démarrage non désirées, ajout de nouveaux sites dans vos bookmarks. C'est la partie "désagréable".

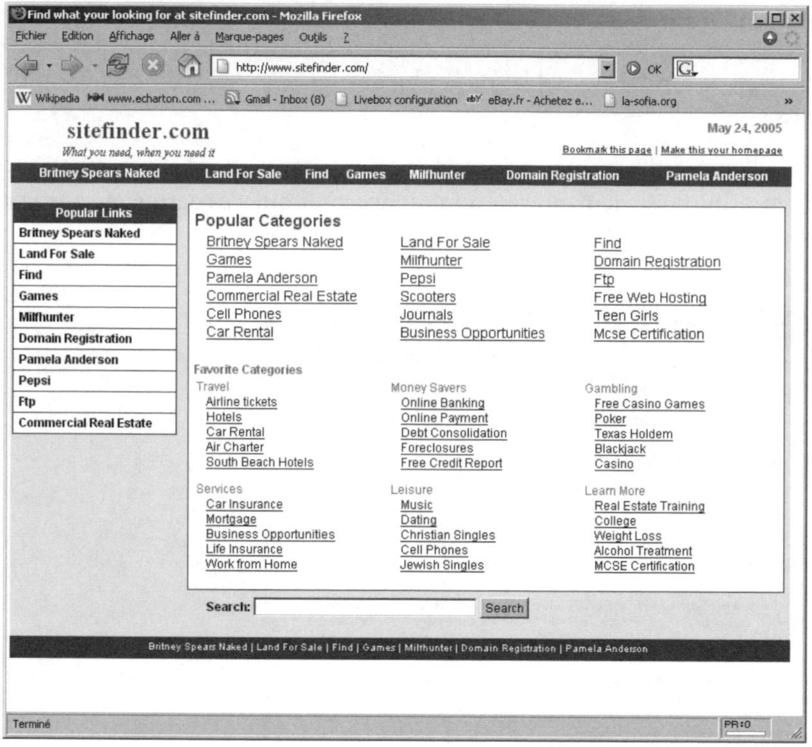

Figure 3.21 : Une page d'erreur non standard.

Il y a aussi les destructions de MP3, la déstabilisation de votre configuration Internet, l'exploration de votre disque dur, et quelques autres horreurs. Sympathique, non ?

> **INFO** Quand les spywares se détruisent entre eux ! Eh oui, cela arrive : des entreprises telles que Direct Revenue (**http://www.direct-revenue.com/**), financées par des sociétés de capital risque ayant pignon sur rue, n'ont pas hésité à installer des spywares qui éradiquent ceux de la concurrence ! Direct Revenue, qui en a vraiment trop fait (allant jusqu'à remplacer les pages de ses concurrents par les siennes), fait actuellement l'objet de poursuites (**http://netrn.net/spywareblog/ archives/2005/04/06/lawsuit-filed-against-direct-revenue/**).

Une implication complexe

Nous venons de le voir, faute de prévention, notre PC peut bien vite se retrouver infecté par tous ces parasites à la fois : une barre de navigation s'est sauvagement installée dans notre navigateur, des spywares sont logés sur notre disque dur, associés à des virus qui en téléchargent de nouveaux, pendant qu'un keylogger collecte nos numéros de cartes de crédit.

C'est l'implication dans des attaques de moyens d'infections variés et combinés (virus caché dans un exécutable, ver, spyware installé par des pages Web, virus chargeant des spywares sur le PC), associant des "malwares" eux-mêmes protéiformes (virus-spywares, keylogger caché dans un spyware, etc.), qui rend la détection et l'éradication des logiciels encombrants aujourd'hui si difficiles.

N'oubliez pas que :

- Jusqu'à il y a peu, un antivirus ne savait pas éradiquer un spyware.

- Un antispyware ne peut quasiment jamais éradiquer un virus : que faire si le virus installe le spyware ?

- Certains virus, troyens ou keyloggers sont supprimés par des antivirus, mais réinstallés perpétuellement par le spyware resté dans la machine !

- A quoi bon éradiquer un spyware si ce dernier peut revenir en quelques minutes, automatiquement, par une faille de sécurité de votre PC ?

Bref, autant de questions absolument insolubles avec les anciennes stratégies de sécurité, fondées sur l'emploi d'un antivirus efficace, associé à un usage sain du PC.

Chapitre 4

Les méthodes de diffusion des spywares

Après avoir lu les chapitres précédents, vous devez être conscient que les moyens classiques de prévention et d'éradication ne suffisent plus pour se protéger des logiciels malicieux. Il faut élaborer de nouvelles stratégies. Pour cela, essayons d'abord de comprendre comment, techniquement, les codes malicieux entrent dans nos PC.

Au Chapitre 5, nous présenterons les méthodes générales et les logiciels que vous pouvez utiliser pour vous débarrasser des spywares et autres logiciels parasites. Au préalable, il nous a semblé essentiel et didactique de vous expliquer comment ces derniers peuvent s'installer sur votre machine.

En examinant les illustrations, les techniques, les actes de mauvaise foi que nous décrivons ici, vous comprendrez mieux comment ces logiciels se diffusent. Vous apprendrez ainsi à identifier les sites et les démarches qui risquent de conduire à une infection de votre PC.

Installation *via* des failles de sécurité

L'installation de spywares au travers des failles de sécurité (voir Chapitre 2) de Microsoft Windows ou d'Internet Explorer est réalisée en utilisant des "exploits".

Les exploits, ce sont des procédures ou des programmes que l'on exécute pour atteindre un ordinateur dont on connaît les failles. Il n'est guère difficile d'utiliser un exploit : il suffit de savoir ce que l'on recherche – avec un scanner (lire la note Dico) – et de lancer une procédure souvent préprogrammée.

Absolument tous les exploits sont en libre diffusion sur Internet, avec mode d'emploi détaillé.

Le **scanner de port** IP fonctionne comme un scanner radiophonique : il écoute tous les canaux d'une carte réseau et vous indique lequel accueille une communication. Simple, non ? Diabolique surtout… Le scanner TCP/IP vous dit aussi quelle version de logiciel écoute ou parle, ce qui permet à un pirate de connaître ses éventuelles failles de sécurité (voir Figure 4.1).

Un bon scanner IP doit être en mesure de fournir rapidement au pirate ou à l'administrateur système une photographie précise du contenu d'un ou plusieurs ordinateurs. Il doit donc pouvoir scanner une "gamme d'adresses IP". Une fois qu'il a identifié les adresses IP "actives", il doit ensuite explorer chacune d'elles pour indiquer le nom des ports ouverts. Pour chacun de ces ports, il doit enfin être capable d'identifier avec précision les logiciels utilisés.

Les entreprises ou les individus qui installent des spywares sur votre ordinateur peuvent se servir de scanners pour identifier méthodiquement tous les ordinateurs d'un réseau susceptibles d'être infiltrés par un spyware. Dans ce cas de figure, il est très difficile pour un utilisateur non informé de se protéger : les antivirus sont complètement inopérants.

C'est l'une des raisons qui ont poussé Microsoft à intégrer dans sa Seconde Edition de Windows XP un firewall capable d'empêcher une intrusion provoquée par un scan de port.

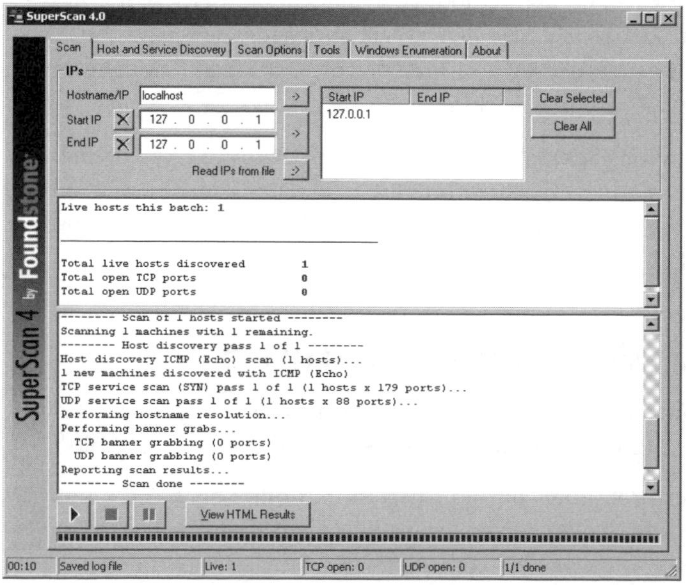

Figure 4.1 : Un scanner peut identifier des failles de sécurité.

INFO Pour en savoir plus sur les exploits et leur mode de fonctionnement, vous pouvez aussi vous reporter à l'ouvrage *Hacker's Guide*, du même auteur, chez le même éditeur. Le Chapitre 7 de cet ouvrage explique en détail comment fonctionne ce dispositif.

Dans la communauté des pirates, le simple utilisateur d'exploits est considéré comme un débutant : n'importe qui – pour peu qu'il ait quelques rudiments de connaissances sur l'utilisation d'un système – est capable de mettre en œuvre un exploit. Ces basses notions de "réputation" n'arrêtent pas les diffuseurs de spywares qui, eux, veulent gagner de l'argent, et vite.

C'est bien là le problème ! L'exploit, bien que facile à utiliser, n'en permet pas moins d'opérer des intrusions spectaculaires aux conséquences dévastatrices ! C'est bien souvent un exploit qui permet l'installation d'un troyen, qui par la suite va être utilisé pour installer des dizaines de spywares. Parfois même, l'exploit à lui seul suffit pour installer en quelques dixièmes de seconde des adwares ou des spywares.

Les exploits

A vrai dire, lorsqu'on consulte des listes d'exploits, on en vient même à se demander si certains auteurs de logiciels n'ont pas volontairement implanté des points de faiblesse dans leurs créations pour favoriser une politique de mise à jour payante ! Nous allons voir ici quelques exemples d'exploits désespérément simples qui ont défrayé la chronique ces derniers mois.

L'exploit DSO

Un très bon exemple d'exploit est celui intitulé "DSO" qui a alerté tant d'utilisateurs dans les mois passés. En effet, lorsque vous utilisez le logiciel de destruction de spywares "SpyBot Search And Destroy", présent sur votre CD-ROM, il trouve quasiment systématiquement un élément intitulé "DSO Exploit" (voir Figure 4.2).

Vous serez probablement confronté un jour ou l'autre à cette découverte déconcertante : ce fameux DSO est quasiment impossible à éradiquer. PC infecté ? Code vraiment très malicieux ? Non ! DSO Exploit est en réalité un défaut d'Internet Explorer qui, dans certaines circonstances, peut autoriser une intrusion dans votre ordinateur.

Heureusement, si vous utilisez la dernière version d'Internet Explorer, et que Windows Update soit installé, le défaut est neutralisé (malgré sa détection) et sa présence n'est plus un risque d'infection pour votre machine. Ouf ! DSO Exploit est donc obsolète.

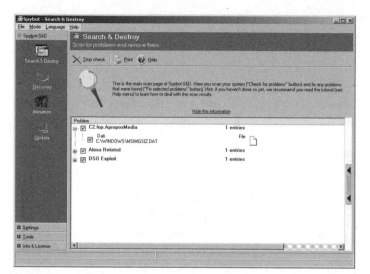

Figure 4.2 : L'exploit DSO identifié par SpyBot.

L'exploit IFRAME

L'exploit IFRAME est désormais presque totalement neutralisé. Il utilise une faille de sécurité d'Internet Explorer. Il est aujourd'hui prouvé que cet exploit a été utilisé par des individus payés par 180solutions pour installer la barre de navigation de cette société, de manière forcée (voir Chapitres 2 et 3 pour plus de détails sur 180solutions).

Cette vulnérabilité permet à un individu qui vous envoie un e-mail de transmettre une pièce jointe contenant un code malicieux (en l'occurrence, un spyware ou un malware chargé d'installer des spywares) [voir Figure 4.3]. On compte par millions (vous lisez bien) les ordinateurs infectés par ce type d'exploit.

Pas de problème, nous direz-vous, je suis un utilisateur bien informé, je n'exécute pas les pièces jointes. Perdu ! Un pirate peut faire en sorte que la pièce jointe en question s'exécute sans votre autorisation. Vous ne l'avez pas ouverte ? Le spyware, le virus, le troyen sont quand même installés !

Les informations et le patch pour neutraliser cet exploit peuvent être trouvés à l'adresse **http://www.microsoft.com/technet/security/bulletin/MS01-020.asp**. Selon l'éditeur, l'exploit IFRAME a les caractéristiques suivantes :

- Il vise les versions de Microsoft Internet Explorer 5.01 et 5.5.

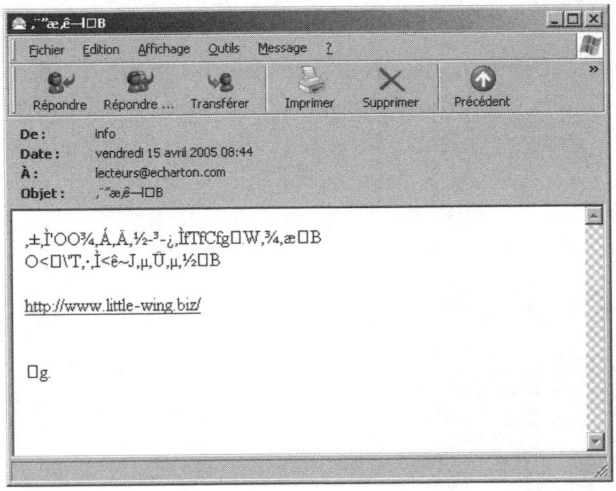

Figure 4.3 : Une introduction de l'exploit IFRAME : un e-mail anodin !

- Il ne touche pas aux versions d'Internet Explorer 5.01 Service Pack 2 et Explorer 6.0 s'il fonctionne sous Windows NT 4.0, Windows 2000 ou Windows XP.

- Si vous utilisez Windows 95/98/Me et que vous ayez mis à jour le système avec Internet Explorer 6.0, choisissez "Installation complète", vous serez protégé (l'installation minimale, en revanche, oublie parfois de protéger le patch).

> **INFO** Cet exploit est vraiment ancien et n'infecte plus beaucoup d'ordinateurs. Il peut donc être examiné sans danger à des fins éducatives. Vous pouvez comprendre ses mécanismes d'infection en consultant la page **http://62.131.86.111/analysis.htm** qui explique comment il fonctionne et donne des exemples de sources. Les exemples sont aussi livrés sur votre CD-ROM, dans le répertoire Exploit.

On sait que des dizaines de spywares très collants ont été installés *via* des exploits et des failles de sécurité : 180solutions, BlazeFind, BookedSpace, CashBack, de BargainBuddy, ClickSpring, CoolWebSearch, DyFuca, Hoost, IBIS Toolbar, ISTbar, Power Scan, SideFind, TIB Browser, WebRebates (particulièrement collant et infectant en 2004), WinAD et WindUpdates (sans rapport avec le Windows Update de Microsoft, mais au nom choisi pour créer la confusion). Ces spywares sont maintenant détectés par les antispywares les plus connus.

On mesure bien à quel point ces failles peuvent donc être infectantes ! Un simple publipostage, envoyé à des dizaines de millions d'utilisateurs, aura suffi à installer sauvagement des centaines de millions de spywares : et il n'y avait rien à faire, ou presque !

Contre-mesures antiexploit

La meilleure contre-mesure pour se protéger contre une intrusion par faille de sécurité est de mettre constamment à jour son système d'exploitation (voir Chapitre 7) et ses logiciels, et d'installer un antispyware efficace, ou mieux d'activer le "Firewall" de Windows XP SP2 (voir Figure 4.4), très efficace contre ce genre d'intrusion (voir Chapitre 5).

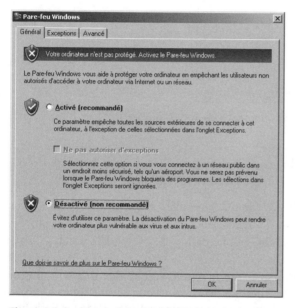

Figure 4.4 : Le Firewall intégré à Microsoft Windows XP SP2.

En tout cas, nous avons appris avec l'exploit IFRAME qu'il est toujours possible d'exécuter un code sur votre ordinateur sans votre intervention. **Vous devez donc changer vos habitudes et considérer que ne pas exécuter une pièce jointe n'est plus forcément une garantie de non-infection de votre ordinateur.**

Notez que les failles de sécurité sont pour le moment largement neutralisées, et que peu de spywares parviennent encore à se propager largement par ce biais. Mais nous ne sommes pas à l'abri d'une nouvelle faille, impossible à combler rapidement (une faille béante dans un programme largement diffusé, mais dont la mise à jour n'est pas automatisée, Firefox par exemple). Voyez à ce sujet cette nouvelle du blog de l'auteur, à l'adresse **http://www.echarton.com/weblogs/archives/ 05-01-2005_05-31-2005.html#49.**

Utilisation de l'intelligence du Web

En 2004, un problème s'est posé pour les propagateurs de spywares : l'émergence de nouveaux explorateurs (Firefox évidemment, avec ses 20 à 30 % de parts de marché selon les pays) qui rendent impossible l'utilisation de failles de sécurité répertoriées. Emergence grandement stimulée d'ailleurs par le raz-le-bol généralisé à propos des failles de sécurité de Microsoft Explorer.

Ces malfaiteurs ont donc cherché à installer des spywares sur ces nouvelles configurations avec de nouvelles méthodes, et tout particulièrement en utilisant les langages sophistiqués tels que Java, ou les petits morceaux de logiciels auto-installables (les ActiveX ou les plug-in) qui permettent d'améliorer un explorateur.

Ainsi, 180Solutions (jamais en reste) a remis récemment en jeu sa réputation (déjà bien mauvaise) en utilisant des applets Java (voir Figure 4.5) !

En visitant le site **www.spazbox.net** (fermé depuis par son prestataire de DNS pour "abus") un blogger a pu constater que celui-ci tentait d'installer *via* une application Java (voir Figure 4.6) un ensemble de spywares (voir **http://www.netrn.net/spywareblog/**). Un autre auteur a été confronté à la même problématique (**http://www.vitalsecurity .org/2005/04/180-solutions-playing-with-fireand.html**).

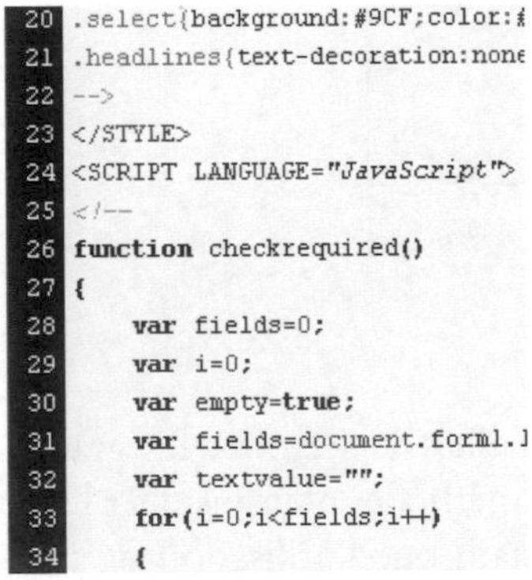

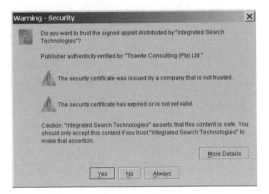

Figure 4.5 : La tentative d'installation de spywares via un applet Java.

Figure 4.6 : Ne répondez pas oui !

Voici ce que nous raconte Suzi (le blogger de spywareblog) de son aventure :

"Etant habitué à voir des applets Java depuis longtemps sur mes sites favoris, je ne me suis pas inquiété d'en voir un sur celui-ci. Il est très fréquent de rencontrer des applets Java dont le certificat est expiré, et j'ai cliqué dessus comme je le fais d'habitude."

En effet, un système de certificats vous permet théoriquement de savoir si un applet Java valide l'identité de l'auteur de ce dernier. Mais en pratique rares sont ces certificats valides : pendant un temps, même le certificat officiel du site des impôts en ligne, en France, était expiré ! Pas de méfiance, donc. Erreur !

"J'aurais dû examiner la boîte d'avertissement de cet applet Java qui m'indiquait que son auteur était Integrated Search Technologies (IST), un diffuseur d'adwares très connu."

Et le logiciel d'installer quelques adwares classiques, vite éradiqués… suivis par un autre installé à nouveau, sans avertissement : le fameux 180SearchAssistant (voir Figure 4.7).

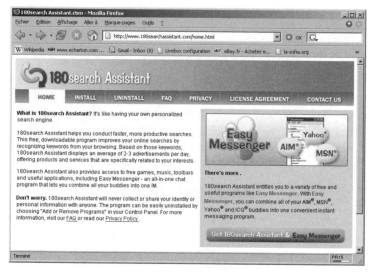

Figure 4.7 : 180SearchAssistant.

En d'autres termes, après avoir été boutés hors des failles de sécurité, les grands diffuseurs de spywares persistent à utiliser de nouvelles méthodes pour installer leurs virus sur vos machines par tous les moyens. Il est certain que l'utilisation de Java pour propager des virus devrait se répandre, malheureusement.

Les fonds d'écran piégés

Il existe d'autres méthodes pour installer des spywares en ligne en exploitant l'intelligence du Web : les fonds d'écran piégés (voir Figure 4.8) en sont un exemple. Le site **http://www.3d-icons.com/** en avait fait un temps sa spécialité. La procédure est décrite à l'adresse **http://www.benedelman.org/spyware/installations/3d-screensaver/**.

On notera la fourberie de l'arbre de décision (voir Figure 4.9) qui permet, lorsqu'un utilisateur répond non plusieurs fois à des propositions d'installation, de se voir quand même sa machine infectée par des spywares… de 180solutions, une fois de plus !

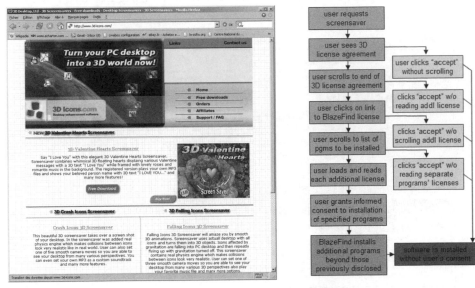

Figure 4.8 : Les fonds d'écran piégés.

Figure 4.9 : Un arbre de décision fourbe…

Contre-mesure contre l'intelligence du Web

Dans le cas de la propagation de spywares par applets Java, la solution est de bien observer le libellé des écrans qui vous sont proposés, et par défaut de systématique-ment refuser l'installation des applets de source inconnue.

En faisant preuve de mesure, quand même : un applet Java proposé sur le site **www.minefi.gouv.fr** (le site des impôts en ligne), même s'il n'est pas certifié, peut être parfaitement valide.

Reconnaissons qu'il n'est pas facile de savoir dans ces conditions où l'on met les pieds…

Les fenêtres piégées

Autre méthode de propagation, en voie d'abandon car trop connue, l'envoi de pop-ups qui font croire à l'utilisateur que sa machine est infectée ou en danger. On trouve une multitude d'exemples de ce genre de publicités piégées (voir Figures 4.10 et 4.11).

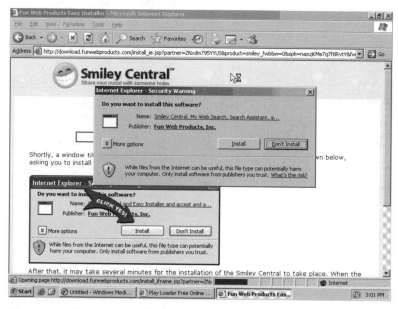

Figure 4.10 : Une fenêtre piégée.

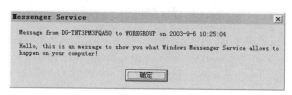

Figure 4.11 : Un pop-up déloyal.

Le cas Casalemedia

L'entreprise Casalemedia (**www.casalemedia.com**) [voir Figure 4.12], par exemple, qui n'est pourtant répertoriée qu'en tant que fournisseur de cookies persistants par PestPatrol (**http://www3.ca.com/securityadvisor/pest/pest.aspx?id=453082755**), se sert de cette technique qui devrait la faire apparenter à un fournisseur de spywares.

Elle affiche pourtant fièrement sur son site le logo "truste.org" (voir Figure 4.13), un label qui garantit théoriquement que les entreprises n'utilisent pas de tactiques déloyales pour installer des logiciels publicitaires. Passons !

Figure 4.12 : Casalemedia, société canadienne bien sous tous rapports...

*Figure 4.13 : A priori, Casalemedia est certifiée
par un organisme comme étant "honnête" !*

La fenêtre de la Figure 4.14, envoyée par cette entreprise, indique sans détour : "Vous avez des erreurs critiques sur votre PC."

Surtout ne cliquez pas, c'est un piège, assez grossier ! Nous allons le faire pour vous.

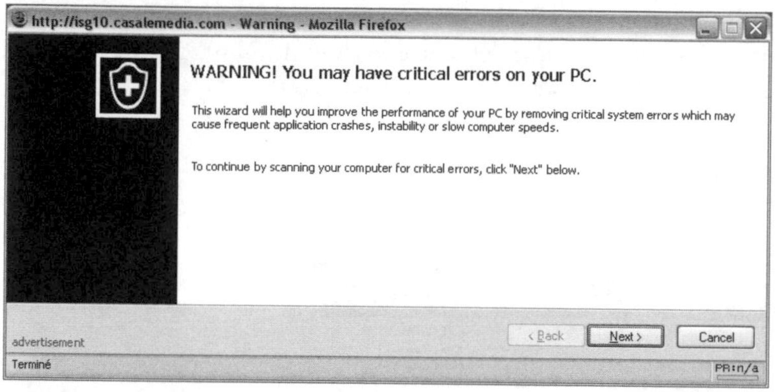

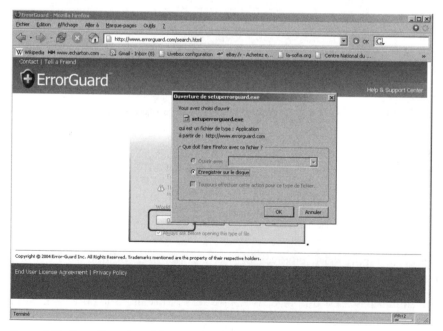

Figure 4.14 : Casalemedia tente de nous faire peur avec cette fenêtre !

Nous arrivons maintenant sur une page très ambiguë (voir Figure 4.15) nous proposant de débarrasser notre machine de quelques logiciels malicieux qui l'encombrent (évidemment, notre PC vient d'être scanné par Microsoft AntiSpyware et est totalement vierge de toute infection).

Figure 4.15 : ErrorGuard est bien une erreur...

Un clic, et le logiciel installe un programme (voir Figure 4.16). Ce dernier ne fait rien, il transmet de fausses alertes et affiche des pop-ups. Dans certains cas, il vous demande même 30 $... pour ne rien faire. Un peu cher !

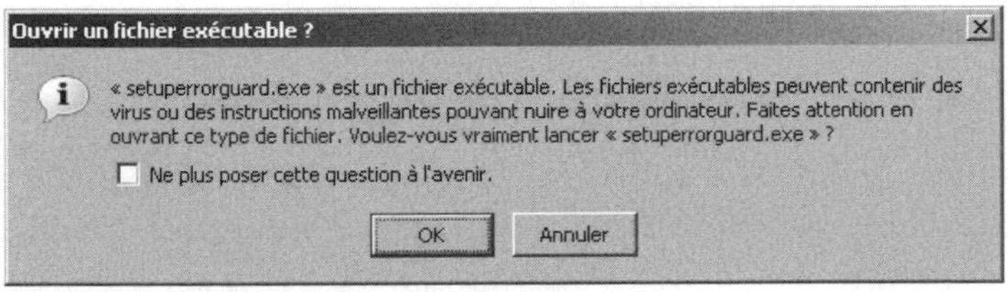

Figure 4.16 : Une installation de spyware...

On sait aussi qu'il collecterait les habitudes de surf des utilisateurs. Un vrai spyware quoi ! Histoire de ne pas trop prendre de risque juridique, le fournisseur ajoute d'ailleurs dans la licence de son logiciel (**http://www.errorguard.com/eula.html**) :

> "Le niveau de risque « Critique et haut risque » ne signifie pas que votre ordinateur ou vos données courent un risque particulier. Il s'agit simplement d'un descriptif de situation que nous utilisons arbitrairement."

On croit rêver ! L'arnaque décrite dans le contrat ! On commence à savoir, au travers de diverses sources, qu'ErrorGuard dépense des sommes importantes auprès d'entreprises telles que Casalemedia et Fastclick pour propager ses messages piégés.

Un bon exemple d'utilisation de fenêtres "menteuses" pour s'installer, avec la complicité de régies publicitaires ayant pignon sur rue !

Impossible ou très difficile d'identifier précisément le propriétaire d'ErrorGuard : il utilise pour se déclarer un enregistreur de domaine anonyme (**http://domainsbyproxy.com/**). On ne saura donc jamais à quelle grande entreprise publicitaire ce logiciel appartient.

On peut en tout cas se demander pourquoi Casalemedia et Fastclick, deux grands réseaux, acceptent de diffuser des publicités de cette nature qui installent des spywares.

Règles générales de protection

Après les scandales provoqués dès la fin des années 90 par la découverte de spywares dans Alexa (Amazon), SmartUpdate (Netscape) et RealJukeBox (Real Networks), la pratique est devenue plus transparente, et les spywares émis au travers des grands réseaux le sont en suivant une politique de légalité minimale.

Quelques règles simples peuvent être observées pour dépister leur arrivée :

- Lisez attentivement les conditions d'utilisation d'un logiciel avant de l'installer (comme dans le cas précédent d'ErrorGuard) : les anomalies sont parfois flagrantes. L'existence d'un spyware commercial et de ses fonctionnalités annexes y est normalement signalée. Au pire, ses actions sont mentionnées dans une phrase générique : "nous collectons des données personnelles" ou encore "nous observons vos habitudes de surf". Il faut malheureusement souvent lire entre les lignes qui sont presque toujours en anglais.

- Réfléchissez toujours avant de dévoiler des informations personnelles. Dans le meilleur des cas, les conditions d'utilisation sont généralement conformes au droit américain, donc beaucoup moins protectrices en matière de vie privée qu'en Europe. Ne donnez jamais vos adresses e-mail ou postale.

- Installez un firewall personnel et surveillez les demandes d'autorisation de connexion à Internet, afin de détecter toute application suspecte (le firewall personnel est décrit au Chapitre 5).

- Gardez toujours à l'esprit qu'installer un logiciel n'est jamais une opération anodine : cela revient à autoriser le programme à effectuer toutes les opérations qu'il souhaite sur votre ordinateur.

- N'acceptez pas sans réfléchir les programmes proposés en téléchargement, notamment *via* des fenêtres pop-ups. Lors de l'installation d'un logiciel comme KaZaA, des spywares sont mis en place, mais il suffit de décocher les cases correspondantes pour contourner le problème.

Les logiciels
pour se protéger

L'insécurité d'Internet – et la propagation infernale des malwares qui en découle – doit conduire à une modification de nos méthodes de protection : le simple antivirus est devenu totalement insuffisant, voire inutile dans les conditions actuelles. Au minimum, votre PC doit aujourd'hui être équipé d'un bon antispyware et d'un pare-feu digne de ce nom. Présentation de ces nouveaux outils et de leurs particularités.

Confrontés à ces invasions nouvelles que sont les logiciels malicieux et les spywares, nous allons adopter des stratégies préventives – dont nous reparlerons plus loin – mais aussi des stratégies actives.

Ces stratégies actives consisteront à utiliser des logiciels de blocage et de destruction des spywares et des malwares. Ces logiciels sont tous assez récents : ils sont nés pour la plupart début 2004. Pour certains, ils ont déjà changé de propriétaire (lire à ce sujet l'encadré sur l'antispyware de Microsoft).

Nous allons tenter d'expliquer en deux chapitres comment ils fonctionnent et comment les choisir.

Comment un antispyware est arrivé chez Microsoft !

En 2004, devant la grogne des utilisateurs, la lutte contre les spywares et adwares envahissants devient une priorité absolue pour le monstre du logiciel. Priorité y compris commerciale : le marché lui-même commence à remettre sérieusement en cause les produits Windows, non plus à cause de leur hégémonie, mais en raison de leur instabilité, largement due à la prolifération des spywares.

Les logiciels qui permettent de s'en débarrasser existent, ils se vendent très bien, et le marché est promis à un avenir radieux.

Mais cette présence d'outils antispyware sur le marché est insuffisante pour Microsoft. L'entreprise – qui avait jusqu'ici jugé peu grave la menace des virus et n'avait jamais pris la peine de développer un outil de sécurité adéquat – prend le taureau par les cornes et décide de diffuser massivement son propre outil, si possible le meilleur.

C'est ainsi que le 16 décembre dernier, on a appris que Microsoft avait racheté la société Giant, éditrice de la solution Spynet, l'un des plus efficaces antispywares du moment. "*Microsoft va utiliser cette acquisition pour fournir à ses clients de nouveaux outils destinés à les aider à se protéger des menaces des spywares et autres logiciels trompeurs*", expliquait GIANT dans un communiqué.

Microsoft n'aura pas tardé, puisque son outil, baptisé très simplement AntiSpyware, est paru en version bêta dès janvier et a été largement diffusé dès cette date (il est présent sur votre disque dur, et avait été diffusé à l'époque par le blog de l'auteur, sur **blog.echarton.com**).

Quelle famille de logiciels de protection ?

Plusieurs familles de logiciels sont désormais impliquées dans la protection de nos ordinateurs contre les spywares :

- **Les antivirus.** S'ils ne sont pas forcément capables d'éradiquer définitivement les spywares, ils peuvent au moins juguler leur présence et détruire les malwares qui les véhiculent (les virus et les troyens).

- **Les antispywares.** Nouvelle famille de logiciels entièrement dédiés à la destruction et à la prévention des infections par spywares.

- **Les pare-feu.** Et notamment celui fourni en standard avec Windows XP SP2. Ils ont pour vocation de bloquer toute entrée illicite d'informations et de programmes dans votre PC, notamment par le biais d'éventuelles failles de sécurité.

Examinons comment fonctionnent ces divers outils, et comment nous allons devoir les utiliser.

> **INFO**
> Il existe une quatrième famille de logiciels de protection : les "gestionnaires de cookies". Ces utilitaires sont mis en œuvre pour gérer et au besoin effacer les cookies un peu trop curieux, ou tout simplement envahissants. Nous reparlerons de ces outils spécialisés (qui n'ont pas une vocation active dans la sécurité d'un PC, comme les antispywares ou les antivirus) au Chapitre 8, dédié aux cookies et au "ciblage comportemental". Sachez que la plupart des antispywares sont aussi prévus pour effacer les cookies trop encombrants.

Comment fonctionne un antispyware ?

Commençons par l'antispyware. Il est techniquement très proche d'un antivirus : il doit être en mesure de nettoyer un ordinateur infecté, puis de le protéger contre de nouvelles intrusions. Cette dernière phase est l'activité préventive, proche de celle du firewall d'ailleurs.

Pour identifier, neutraliser et détruire les codes malicieux, l'antispyware utilise une base de données de signatures. Ces signatures permettent d'identifier les spywares présents sur votre machine.

L'activité de nettoyage

Pour exploiter cette base de données de signatures, l'antispyware va procéder à une exploration de votre ordinateur : il va examiner un par un, méthodiquement, ses fichiers (programmes, documents), ses bases de registres, sa mémoire, et plus généralement tout emplacement susceptible de contenir un code malicieux (voir Figure 5.1).

Chaque fois, il comparera les zones examinées avec ses signatures, et identifiera ainsi les espions. Une fois ces espions localisés, le logiciel vous proposera de les détruire ou de les mettre en quarantaine, en vous expliquant leur fonctionnement et le niveau de risque qu'ils représentent.

La destruction d'un spyware doit être totale : en matière de logiciel malicieux, n'oubliez pas que l'effacement du fichier infecté ou infectieux est rarement suffisant. Le spyware est souvent associé à des clés dans des bases de registres, ou à des compagnons (troyens, virus) qui chercheront – s'ils demeurent sur le PC – à réactiver ou à recharger le fichier effacé.

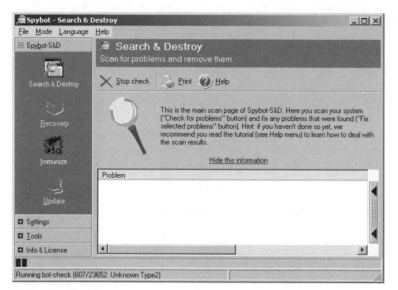

Figure 5.1 : L'antispyware est en train de nettoyer un PC.

Pour récapituler, un antispyware doit donc proposer les fonctions suivantes :

- Détecter et surtout de détruire – proprement, c'est-à-dire sans déstabiliser le système – les spywares, adwares, troyens et les barres de navigation, ainsi que les modificateurs d'explorateurs.

- Détecter en s'appuyant sur des bases de données de signatures, et que ces bases de données soient régulièrement mises à jour par téléchargement. Aucun antispyware ne peut fonctionner correctement plus de quelques jours sans avoir reçu de nouvelles définitions de logiciels malicieux.

- Fournir une encyclopédie et un résultat détaillé de ses recherches, et vous laisser la possibilité de décider de détruire un spyware ou seulement de le mettre en quarantaine (pour éviter notamment les fameux "faux positifs").

- Surveiller la mémoire de votre ordinateur : un spyware effacé du disque peut très bien subsister dans la mémoire de l'ordinateur, et se réinstaller instantanément. Il faut donc conjuguer stratégie de destruction et surveillance de la mémoire.

Ajoutons que l'antispyware doit si possible vous donner accès à des fonctions avancées qui vous permettront de manipuler et d'observer votre système : modifier les bases de registres, par exemple, pour supprimer manuellement un spyware non reconnu automatiquement.

L'activité préventive

Une fois que la machine est propre, il faut la protéger. Nous verrons plus loin que des logiciels spécifiques peuvent se charger de cette tâche préventive. Mais les spywares aussi peuvent êtres munis de fonctions de surveillance active. Pour prévenir l'infection, ils doivent :

- surveiller la liaison Internet et bloquer les espions cherchant à s'introduire, notamment par le biais des failles de sécurité ;

- surveiller les modifications de bases de registres ou de fichiers, qui peuvent traduire une tentative d'infection.

Le rôle essentiel des mises à jour

Nous avons vu tout au long des chapitres précédents que l'univers des spywares est mouvant, en perpétuelle évolution : à chaque stratégie d'infection répond une riposte des antispywares ou des éditeurs de logiciels, elle-même suivie d'un nouvelle idée des auteurs de logiciels malicieux !

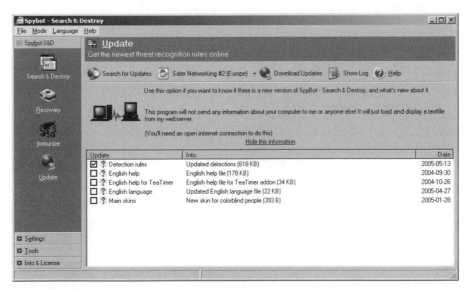

Figure 5.2 : Les mises à jour sont essentielles.

Il faut donc que votre logiciel antispyware bénéficie régulièrement des mises à jour (voir Figure 2.2). Ces dernières sont de deux types :

- Mise à jour des bases de données de signatures, pour détecter les nouveaux spywares.

- Mise à jour des règles de détection (cela consiste parfois en une refonte totale de l'antispyware qui devient alors une nouvelle version) pour améliorer les capacités de destruction des spywares.

Un antispyware qui ne serait pas mis à jour n'aurait absolument aucune valeur – tout comme d'ailleurs un antivirus qui n'évoluerait pas.

Une action indispensable

Sachez que la désinstallation d'un logiciel ne supprime pas obligatoirement (et même plutôt rarement) le spyware installé avec lui (voir Figure 5.3). Ainsi, la désinstallation de KaZaA ne supprime ni le spyware Cydoor qui l'accompagne, ni les autres spywares dans la place. Il est donc absolument impératif, pour nettoyer une machine, de faire tourner régulièrement un antispyware, et non de se contenter d'effacer les fichiers suspectés d'être des espions.

Sachez aussi que, dans de nombreux cas, l'élimination d'un spyware par le biais d'un antispyware provoquera le dysfonctionnement du logiciel qui y est associé. Ce dernier cessera alors de fonctionner, affichant un message du type : "Vous avez effacé un composant du logiciel nécessaire à son exécution. Le logiciel ne fonctionnera plus mais vous pouvez le réinstaller."

Certains antispywares permettent de bloquer ou de neutraliser un spyware tout en continuant à utiliser le logiciel qui y est associé.

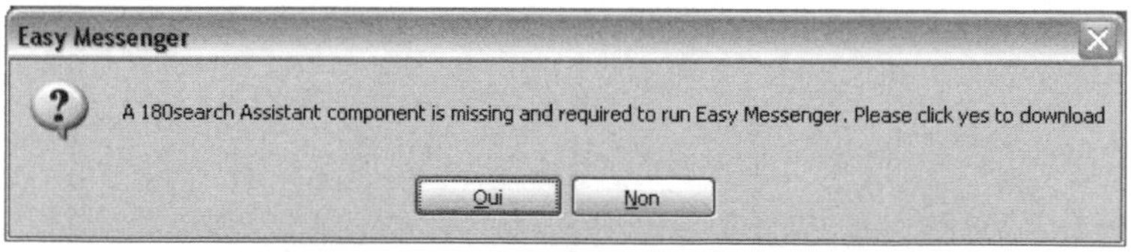

Figure 5.3 : La désinstallation d'un logiciel ne supprime pas forcément le spyware qui l'accompagne.

A propos des cookies

Nous reviendrons au Chapitre 8 sur les cookies qui, bien que passifs, peuvent aussi être considérés comme des spywares. Les logiciels antispyware incluent souvent la détection de certains cookies dans leurs signatures, au risque d'affoler les utilisateurs non initiés (les cookies ayant acquis une bonne réputation, pas forcément méritée d'ailleurs, au fil des ans, plus personne ne s'en méfie).

Laissez toujours l'antispyware effacer des cookies s'il vous le propose (voir Figure 5.4), et ne vous alarmez jamais de ce genre d'action : elle est même plutôt le signe que vos logiciels antispyware ou antivirus sont de qualité, et très rigoureux !

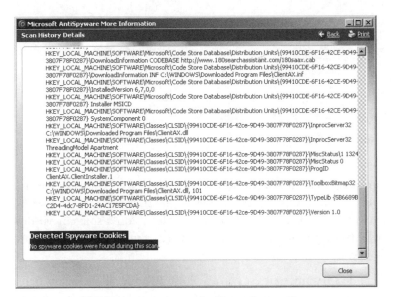

Figure 5.4 : L'antispyware peut aussi effacer des cookies.

Où les trouver… en toute sécurité ?

Les antispywares sont souvent en distribution libre et proposés en téléchargement sur de très nombreux sites Internet. Les grands éditeurs, comme Microsoft, ou opérateurs, tel Yahoo!, diffusent eux-mêmes leurs antispywares sur leurs pages (nous les citerons).

De manière systématique, téléchargez l'antispyware uniquement sur le site de son concepteur (sur le site de sécurité de Microsoft, par exemple, **http://www.microsoft .com/france/securite/default.mspx**, pour cet éditeur) [voir Figure 5.5].

Figure 5.5 : Le site de sécurité de Microsoft.

Certains sites, tels que **http://www.spychecker.com**, proposent à la fois des antis-pywares à télécharger et une très vaste encyclopédie du spyware. Ces sites sont fiables, mais malheureusement ils cohabitent avec des filous : on a souvent vu des antispywares réputés, vérolés par des spywares (en d'autres termes, piratés) et remis en circulation sur le Web !

Attention : en matière de spyware, tout est permis, comme nous allons le voir dans les prochains paragraphes. Evitez toujours de télécharger un "nouveau produit mira-cle" pour éradiquer les spywares, il n'est pas rare que ces outils – même s'ils sont payants – soient eux-mêmes… des spywares ! Pour éviter toute mauvaise surprise, contentez-vous d'utiliser les spywares reconnus et réputés cités dans cet ouvrage.

Comment fonctionne un pare-feu ?

Autre aspect de la croisade contre les spywares, non plus le nettoyage, mais la préven-tion. C'est le pare-feu qui se charge de cette activité. En informatique, un pare-feu est un dispositif logiciel ou matériel chargé de filtrer le flux de données qui transite par les cartes réseau. Il est parfois appelé coupe-feu, ou encore *firewall*, en anglais.

C'est le protocole TCP/IP – le standard de communication du réseau Internet – qui est surveillé par le pare-feu, puisqu'il assure la transmission de données sur Internet. C'est par lui que transitent la totalité des infections virales ou par spywares.

Pourquoi ce canal d'infection ? Parce que TCP/IP est un protocole particulièrement ingénieux, mais qui a été pensé en termes de robustesse (il ne doit jamais tomber en panne) plutôt que de sécurité.

Pour compenser cette lacune, l'objectif du firewall est donc de surveiller chaque paquet de données TCP-IP entrant ou sortant sur votre ordinateur, et d'examiner ce qu'il contient. Ainsi, les paquets hostiles ou simplement indésirables – c'est-à-dire identifiés comme étant intrusifs ou contenant un spyware – sont bloqués avant même que l'infection n'ait pu avoir lieu.

Pour les débutants, il existe des firewalls très simples, performants et même gratuits : c'est notamment le cas de ZoneAlarm (**http://fr.zonelabs.com/download/znalm-ZAAV.html**), gratuit dans le cadre d'un usage personnel.

 ZoneAlarm est présent sur le CD-ROM qui accompagne cet ouvrage, dans le dossier Firewall. Il est gratuit et sans limite d'utilisation.

Le firewall de Windows XP SP2

Notez que Windows XP, dans sa version SP2, est livré avec un firewall efficace (voir Figure 5.6) – bien que controversé à cause de son manque de sophistication (certains virus peuvent le désactiver).

Néanmoins, pour un utilisateur de base, il représente une avancée significative. Associé à un antispyware de qualité, il rend les machines très difficiles à infecter.

Les autres solutions de firewall

Il existe bien d'autres solutions qui peuvent faire office de firewall. Une Wanadoo Livebox (voir Figure 5.7), par exemple, peut jouer le rôle de firewall rudimentaire (elle intercale entre Internet et votre réseau une interface électronique qui rend vos machines invisibles sur Internet). Certains routeurs Wi-Fi peuvent aussi jouer ce rôle.

Les logiciels antispyware jouent aussi d'une certaine manière le rôle de firewall, lorsqu'ils procurent une protection "active", c'est-à-dire qu'ils surveillent en permanence les paquets TCP-IP entrants (voir Figure 5.8). Nous en reparlerons au Chapitre 7.

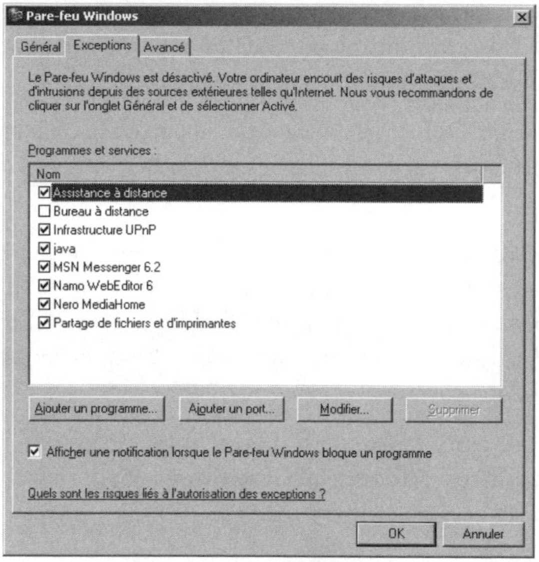

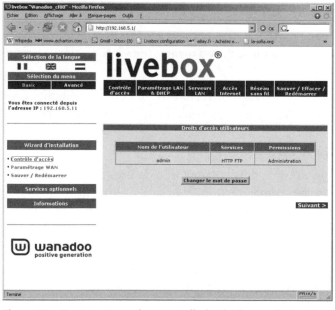

Figure 5.6 : Le firewall intégré à Windows XP.

Figure 5.7 : Tout routeur réseau – telle la Livebox – dissimule partiellement votre réseau et améliore sa sécurité.

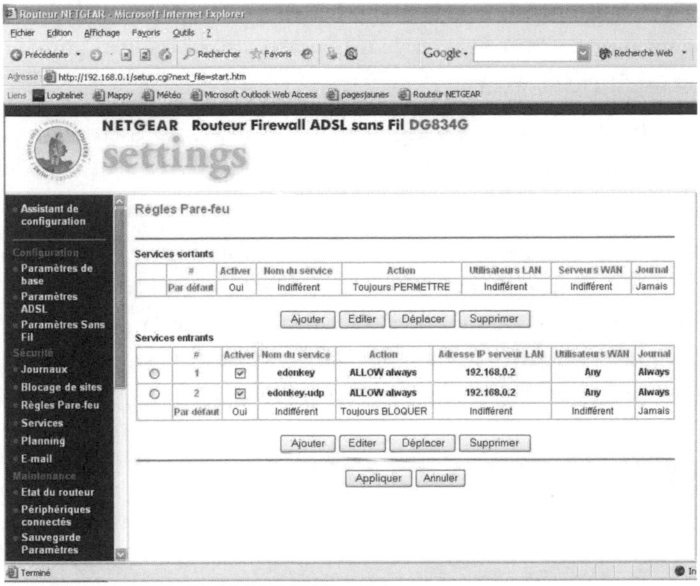

Figure 5.8 : Certaines passerelles Internet sont munies de véritables firewalls.

Faut-il encore s'équiper d'un antivirus ?

Reste une question après avoir dressé un panorama de ces solutions anti-infections : faut-il encore s'équiper d'un antivirus, ou ces outils sont-ils devenus inutiles ? Difficile de répondre : il est certain que contre la menace des spywares et logiciels malicieux, les antivirus sont totalement inefficaces. Les éditeurs s'améliorent, travaillent, mais seuls les antispywares et les firewalls savent vraiment faire rempart contre les nouvelles menaces virales du Net.

Nous devons préciser à ce stade qu'il existe une certaine confusion chez les utilisateurs. Ils ont eu du mal à comprendre ces derniers mois pourquoi leur ordinateur était inutilisable alors qu'ils avaient convenablement configuré et utilisé leur antivirus.

Il faut bien le dire, confrontés à une infection par espions logiciels, Mc Afee ou Norton n'auront aucun effet, alors que des antispywares gratuits sauront, eux, réparer votre machine. Un comble !

D'un autre côté, les virus sont encore des vecteurs de propagation de spywares : ils leurs servent de véhicules. Il n'est donc pas rare d'en voir encore traîner quelques-uns sur nos machines.

La tendance est aussi – chez quelques méchants – à tenter d'infecter les fichiers téléchargés sur les réseaux peer-to-peer avec des virus destructeurs (genre Nopir) : seul un antivirus pourra détruire ces derniers.

Au Chapitre 9, dans le cadre de notre stratégie globale de sécurité, nous étudierons et utiliserons quelques antivirus (qui sont disponibles sur votre CD-ROM, dans le répertoire \Antivirus).

En l'état, même si nous avons encore besoin des antivirus (voir Figure 5.9), nous devons constater que nous sommes moins embarrassés par les virus que par les spywares et les logiciels malicieux. A terme, il est très probable que la plupart des antivirus deviendront en même temps des antispywares, et *vice versa*. C'est une évolution naturelle et logique qui se fait d'ailleurs un peu attendre…

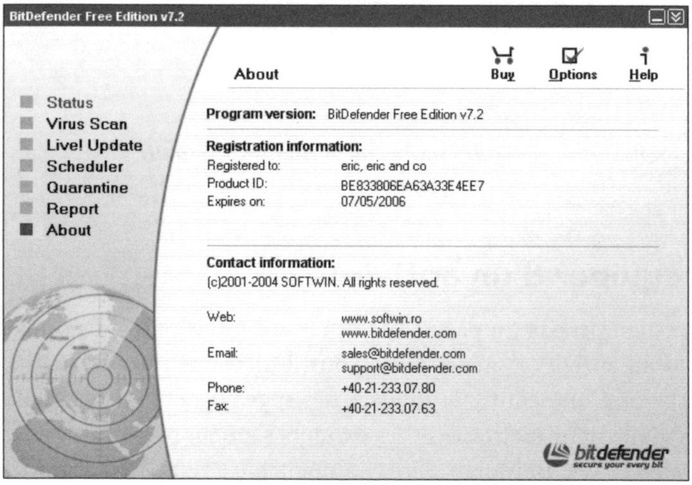

Figure 5.9 : Les antivirus obsolètes ? Pas encore !

La loi de la jungle et les antispywares…

Les antispywares et les firewalls de qualité sont donc nombreux, souvent gratuits (quelques-uns des meilleurs sont sur votre CD-ROM) et fonctionnels. Tout irait donc bien dans le meilleur des mondes ? Pas forcément…

Nous avons démontré à ce stade à quel point les entreprises ayant joué un rôle dans la propagation des spywares pouvaient êtres amorales et sans vergogne.

Vous allez maintenant comprendre que toute l'industrie du logiciel est impliquée de près ou de loin dans ces basses manœuvres. Que les antispywares et les produits de sécurité eux-mêmes sont parfois infectés ou exagérément laxistes.

Les petits arrangements ou les grosses ficelles sont légion. En voici quelques exemples, avec même quelques comportements troublants de la part de têtes d'affiche de l'industrie.

La Yahoo! Toolbar et son antispyware

Arrêtons-nous, pour commencer, sur le cas très particulier de la Yahoo! Toolbar (voir Figure 5.10) qui intègre pour la première fois un antispyware... enfin, une forme très particulière de ce genre de logiciel !

Figure 5.10 : La "Toolbar" de Yahoo!.

Ce n'est d'ailleurs pas par hasard qu'un antispyware se retrouve dans la Toolbar de Yahoo! (voir Figure 5.11) : nous le disions dans notre introduction, le fléau du spyware vient avant tout de l'émergence du marché de la publicité sur Internet. C'est d'abord pour répondre à des besoins publicitaires que les logiciels espions ont envahit nos PC.

Et le plus célèbre des moteurs, Yahoo!, vit quasiment exclusivement de la publicité. Il ne pouvait donc rester sans réagir face aux différentes barres de navigation (qui sont des auxiliaires essentiels de la publicité en ligne) qui s'installent sauvagement avec les spywares, et lui volent ses revenus (ou pour le moins font baisser ses parts de marché).

Nous le démontrerons au Chapitre 8 qui traite des cookies, Yahoo! n'est d'ailleurs pas en reste quand il s'agit d'intrusion dans la vie privée de ses utilisateurs. Le moteur en a même fait l'un de ses arguments publicitaires !

La société ne pouvait donc se contenter de proposer (gratuitement) une simple barre de navigation : elle devait aussi profiter de la diffusion de celle-ci pour éradiquer des PC de ses utilisateurs toutes les offres concurrentes, c'est-à-dire celles diffusées par le biais des adwares et des barres de navigation. Elle a donc décidé de livrer, avec sa propre Yahoo! Toolbar, un antispyware – anti-spy, dérivé de PestPatrol. Mais ce dernier est très particulier.

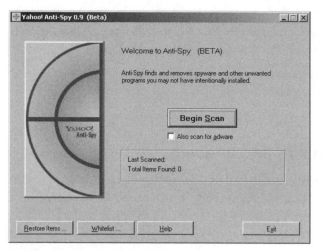

Figure 5.11 : L'antispyware de Yahoo!.

En effet, cet outil – dont la vocation première est donc d'éliminer des concurrents sauvages de Yahoo! – considère comme adwares (logiciels publicitaires non nocifs) des logiciels qualifiés par beaucoup de véritables spywares. Etrange, encore, les entreprises qui produisent ces adwares sont en réalité en partenariat financier avec Yahoo!.

Et il ne s'agit pas de n'importe qui ! Citons Claria, par exemple, l'une des entreprises les plus offensives. Figurez-vous qu'elle se retrouve protégée par l'antispyware de Yahoo!. Compréhensible lorsque l'on sait que la division Overture de Yahoo!, chargée de vendre des mots clés dans les moteurs de recherche, a contribué à hauteur de 31 % (35 millions de dollars) dans les résultats de Claria en 2003 (information confirmée dans le document comptable "*Claria's April S-1 filing with the Securities and Exchange Commission*", **http://www.hoovers.com/claria/--ID__106214,Page__1,Sort__D--/free-co-sec.xhtml**).

En effet, Claria affiche dans ses publicités des mots clés d'Overture, et à ce titre perçoit une rémunération de la filiale de Yahoo!, qu'elle contribue à faire vivre.

La porte-parole de Yahoo! (Stéphanie Ichinose) a bien tenté de justifier ce choix en affirmant que "*cette absence de recherche de certains « adwares » était due au fait que Pest-Patrol* (à l'origine de l'antispyware de Yahoo!) *faisait une distinction entre « spyware » et « adware »*", elle n'a guère convaincu. Tous les antispywares dignes de ce nom éradiquent *a minima* le spyware de Claria tant celui-ci est controversé. PestPatrol lui-même, d'ailleurs, lorsqu'il est livré par son propriétaire, Computer Associates…

INFO
Pour en savoir plus, consultez les sites suivants :
http://www.adwarereport.com/mt/archives/000016.html
http://www.trebes.com/nathant/B1838294017/C1297763075/E1384514869/
http://www.pcpitstop.com/gator/Yahoo.asp
http://www.spywareinfo.com/articles/spyware/yahoo_toolbar.php
http://help.yahoo.com/help/us/toolbar/psr/index.html

La Toolbar de Yahoo! est-elle aussi un spyware ? Non, si l'on considère qu'elle est loyalement téléchargée sur demande de l'utilisateur, et qu'elle peut être aisément désinstallée.

Cela dit, elle devient beaucoup moins séduisante lorsque l'on prend conscience de ses actions, en consultant la page d'information anglophone de Yahoo! sur la vie privée (**http://privacy.yahoo.com/privacy/us/**).Voici ce qu'on lit :

```
Yahoo! collecte des informations personnelles lorsque vous vous enregistrez,
quand vous utilisez des produits ou services Yahoo!, quand vous visitez des
pages Yahoo! et certaines des pages de ses partenaires, ou lorsque vous
participez à des concours.
Yahoo! peut combiner toutes ces informations […]
Quand vous vous enregistrez, nous demandons des informations [nom, e-mail, date
de naissance, sexe, code postal, etc.]. […] Vous n'êtes pas anonyme pour nous.
Yahoo! collecte automatiquement votre adresse IP, des informations sur les
pages que vous visitez, des cookies.
Yahoo! utilise ces informations […] pour personnaliser ses publicités […]
```

Bref, Yahoo! espionne aussi (voir Figure 5.12), et son antispyware est surtout un logiciel anticoncurrence. En d'autres termes, la barre de navigation de Yahoo!, antispyware inclus, est à fuir si vous espérez conserver une once de vie privée hors des fichiers de Yahoo!… et une éradication exhaustive des fichiers espions !

Quand les antispywares sont eux-mêmes des faux !

Continuons notre enquête et arrêtons-nous sur un cas encore plus étonnant : nous avons appris que l'un des logiciels antispyware… installait lui-même des logiciels escrocs ! Rien ne nous sera donc épargné en matière de duplicité et d'ingéniosité des auteurs de spywares !

Spyware Assassin (voir Figure 5.13), c'est son nom, a été publié par la société Maxtheater Inc. Le 11 mars 2005, la Federal Trade Commission (organisme américain de régulation du commerce – **http://www.ftc.gov**) a décidé de poursuivre l'entreprise et de faire cesser la diffusion de Spyware Assassin. Un phénomène suffisamment rare aux Etats-Unis pour être signalé.

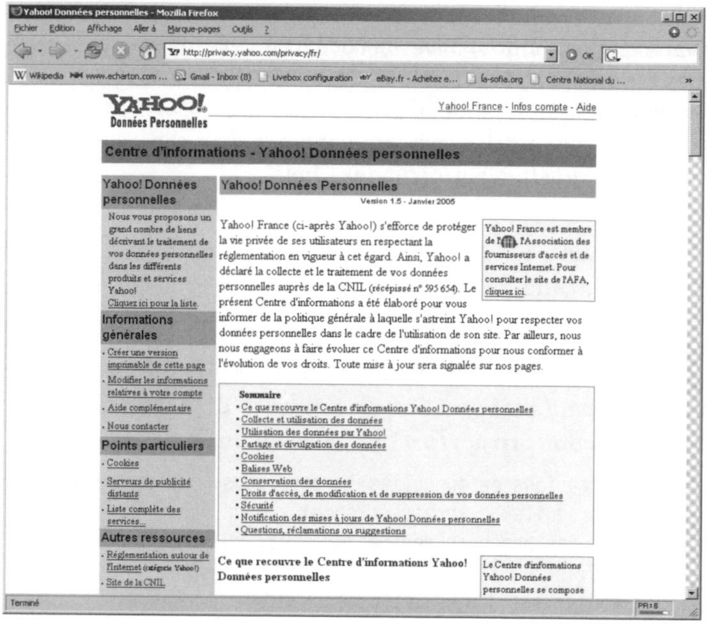

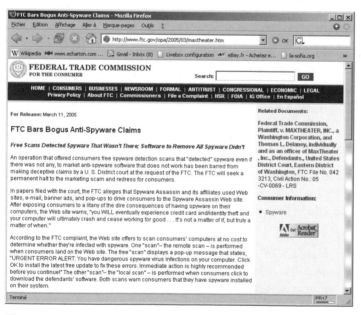

Figure 5.12 : Yahoo!, pas très confidentiel.

Figure 5.13 : Spyware Assassin, l'antispyware qui installe des spywares !

Lorsque vous visitiez le site de cet éditeur – abondamment encouragé par des publicités diffusées massivement sur Internet – vous receviez un message pop-up affirmant que votre ordinateur était envahi par des virus, y compris (et surtout) s'il était parfaitement vierge de tout logiciel malicieux ! Les domaines associés à Spyware Assassin étaient **spywareassasin.com** et **maxtheater.com**.

L'application, une fois chargée, n'hésitait pas à produire de fausses analyses, affirmant que des spywares ou des adwares infectaient votre ordinateur. Ce programme était d'ailleurs un clone d'un autre programme antivirus, Adware Hitman, dont il reprenait l'interface et la base de données de spyware.

Et non content de vous voler votre argent, il installait aussi des spywares : un comble !

 Le phénomène des faux antispywares est assez répandu. Vous trouverez une liste régulièrement mise à jour des faux antispywares à cette adresse : **http://www.2-spyware .com/corrupt-anti-spyware**. Nous vous recommandons aussi la très bonne liste de spywarewarior : **http://www.spywarewarrior.com/rogue_anti-spyware.htm#naw_note**.

Microsoft AntiSpyware et la Hotbar

Microsoft AntiSpyware, né du rachat de Giant Software, n'échappe peut-être pas non plus à ces petits arrangements. Dommage, lorsque l'on sait que le lancement de son très bon AntiSpyware, gratuit, avait pour but de faire cesser cette invasion de spywares et de malwares qui donne une si mauvaise image au système Windows, et tout particulièrement XP.

Ce qui rend l'affaire Hotbar dont nous allons parler maintenant très troublante.

Hotbar est un programme qui ajoute – à l'instar de la Google Toolbar ou de la Yahoo! Toolbar – une barre de navigation à votre explorateur Microsoft (voir Figure 5.14). Cette barre de navigation est accompagnée d'un ensemble d'utilitaires : antispam, fonds d'écran, etc. (voir Figure 5.15, le site de Hotbar et ses propositions).

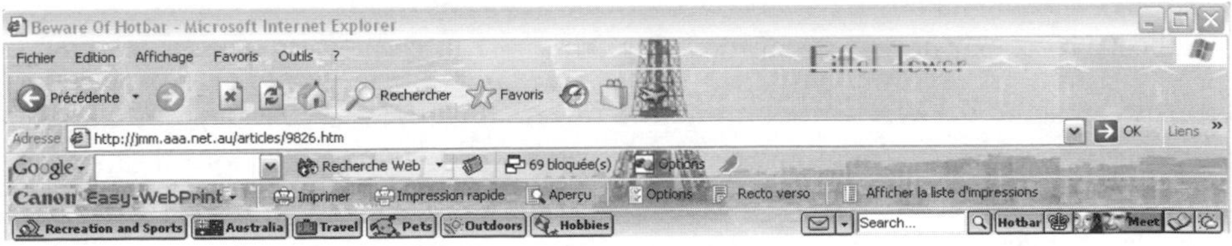

Figure 5.14 : La Hotbar en action.

Figure 5.15 : Les options de la Hotbar.

Rien de bien méchant jusque-là. Cependant, la Hotbar est très intrusive, elle examine toutes les URL que vous visitez et les phrases que vous saisissez dans les moteurs de recherche. L'objectif est évidemment, encore et toujours, de vous envoyer des publicités ciblées (éventuellement nominatives, comme l'indique la politique de confidentialité de la Hotbar), au besoin par le biais de nombreux pop-ups.

Le problème est que la Hotbar consomme jusqu'à 20 Mo d'espace sur votre disque dur, qu'elle ralentit considérablement votre explorateur (vérification faite sur un Athlon cadencé à 3 GHz), qu'elle désactive certains logiciels de blocage de pop-ups, et que certains de ses bogues ont fait planter nombre d'ordinateurs. C'est donc un mauvais logiciel.

Mauvais logiciel, répertorié aussi en tant que spyware (là, tout se corse) car il est installé de force par de très nombreux sites Internet.

Fournie en standard avec Imesh (avec une information très laconique), récemment encore envoyée dans des publipostages affirmant proposer une mise à jour d'Outlook, ou encore installée de force au cours de simples visites sur des sites tels que TheSiteFights .com, la Hotbar n'a rien d'un logiciel convivial. Ajoutons par ailleurs que la Hotbar bénéficie d'une fonction de mise à jour automatique qui n'informe pas l'utilisateur de ses actions.

Lors de notre installation de la Hotbar, en avril 2005 (lire plus loin), nous avons pu constater que malgré notre refus des options de messageries (nous n'avons pas accepté l'installation de composants autres que ceux réservés à l'explorateur), cette dernière avait pris place dans notre client de messagerie Outlook (voir Figure 5.16). Aussitôt, de multiples pop-ups envahissaient notre écran. La Hotbar reste donc encore très intrusive.

Comble de l'horreur, sur notre machine déjà bien traumatisée (pour les besoins de la cause), nous avions aussi une Yahoo! Toolbar qui a été sauvagement désinstallée et neutralisée par la Hotbar (probablement un hasard…).

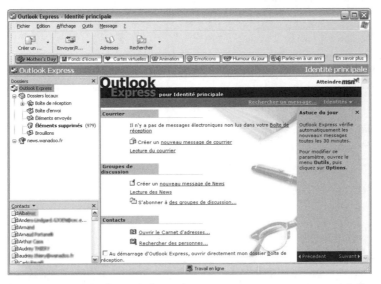

Figure 5.16 : Outlook reçoit la Hotbar… sans que nous en soyons informés.

Pourtant, aujourd'hui, l'éditeur de la Hotbar affirme avoir stoppé sa politique d'installation abusive, et arbore sur sa page d'accueil un fier logo "Certifié Microsoft" (voir Figure 5.17). Tellement certifié que Microsoft AntiSpyware ne détruit plus la Hotbar, et n'empêche pas son installation !

Hotbar a d'ailleurs inclus une procédure de désinstallation loyale dans la section "Installer/Désinstaller des programmes" du Panneau de configuration de Windows.

- Deux sites de référence (celui de Symantec – **http://securityresponse.symantec.com/avcenter/venc/data/adware.hotbar.**html – et celui de Computer Associates – **http://www3.ca.com/securityadvisor/pest/pest.aspx?id=453075474**) classent pourtant – encore – la Hotbar dans les spywares.

Figure 5.17 : Le logo "Certifié Microsoft" de la Hotbar.

Microsoft, pour sa part, semble avoir décidé que la Hotbar n'est plus un spyware. Nous avons installé la Hotbar sur une machine équipée de Microsoft AntiSpyware. Un ensemble d'alertes ont bien été affichées (voir Figure 5.18), avec les codes de couleur bleue qui signifient que l'alerte est neutre (les fenêtres sont vertes quand Microsoft AntiSpyware n'émet aucune réserve, et rouges lorsqu'un spyware est détecté). La fenêtre descriptive (voir Figure 5.19), reliée à l'alerte, confirme d'ailleurs que la Hotbar est "probablement sans danger".

La Hotbar a donc été correctement installée sans difficultés. Nous avons dans un second temps lancé un scan (voir Figure 5.20) qui nous a confirmé que Microsoft AntiSpyware ne détecte pas la Hotbar en tant que spyware.

Nous aurions pu en rester là et considérer comme surprenant que Microsoft soit si indulgent envers la Hotbar, quand une nouvelle publiée sur **www.adwarereport.com** nous a plongés dans un doute affreux.

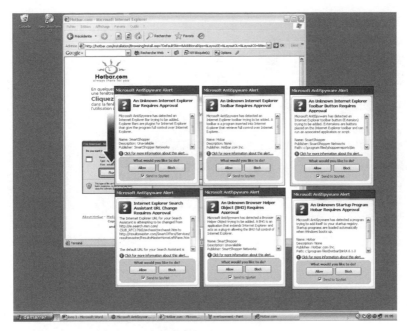

Figure 5.18 : Les alertes de Microsoft AntiSpyware.

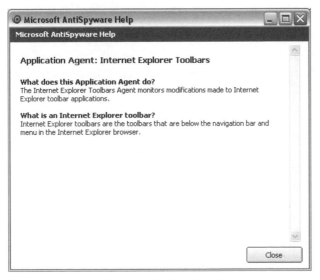

Figure 5.19 : La fenêtre descriptive de la Hotbar.

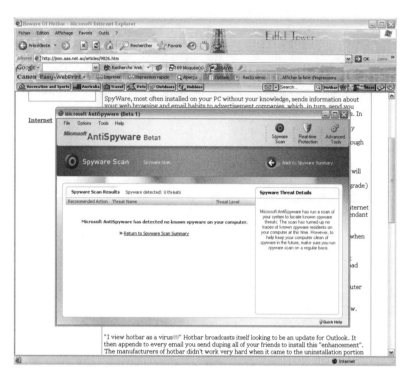

Figure 5.20 : Microsoft AntiSpyware ne détecte pas la Hotbar.

Ce site, AdwareReport (voir Figure 5.21), affirme avoir détecté avec un firewall une tentative d'accès au serveur Hotbar depuis le traitement de texte Winword quelques jours après une mise à jour de Word (voir Figure 5.22).

Que penser ? Que la Hotbar modifierait maintenant les applications Office ? En tout état de cause, Microsoft AntiSpyware ne détruit pas la Hotbar. Et cela est troublant car, à n'en pas douter, cette entreprise et ses méthodes sont encore loin, en 2005, de faire l'unanimité. C'est une indulgence bien suspecte, qui néanmoins ne remet pas en cause – pour le moment – la qualité de l'AntiSpyware de Microsoft, mais qui nous obligera à l'associer à d'autres logiciels antispyware.

Mais, plus troublant encore, la version de l'antispyware toujours commercialisé par Giant supprimait la Hotbar en tant que adware infectieux ! La signature de la Hotbar a donc disparu lors du transfert du programme antispyware chez Microsoft !

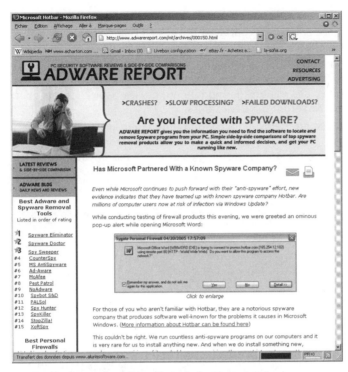

Figure 5.21 : AdwareReport et son alerte sur Hotbar.

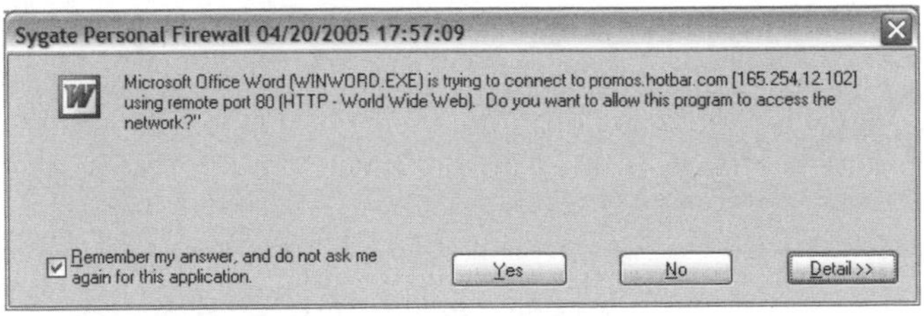

Sygate Personal Firewall 04/20/2005 17:57:09

Microsoft Office Word (WINWORD.EXE) is trying to connect to promos.hotbar.com [165.254.12.102] using remote port 80 (HTTP - World Wide Web). Do you want to allow this program to access the network?"

☑ Remember my answer, and do not ask me again for this application.

[Yes] [No] [Detail >>]

Figure 5.22 : Winword infecté par la Hotbar ?

Epilogue ! Nous avons désinstallé la Hotbar (lire encadré Info plus loin), et le moins que l'on puisse dire est que rien n'est fait pour aider l'utilisateur à supprimer vite et bien tous ses composants : un véritable comportement… de promoteur de spyware !

Pour supprimer la Hotbar, procédez comme suit :

1. Rendez-vous dans le Panneau de configuration et supprimez à la fois la Hotbar Outlook Tools et la Hotbar Web Tools (voir Figure 5.23).

2. Attention, la Hotbar Web Tools affiche une fenêtre (voir Figure 5.24) qui vous propose un ensemble de suggestions, non cochées par défaut : si vous ne cochez pas ces cases, des espions (le module météo, les papiers peints et la Toolbar elle-même) ne seront pas désinstallés.

   Un procédé parfaitement déloyal qui conduit l'utilisateur distrait... à ne rien désinstaller du tout ! Ajoutons que la Hotbar laisse de nombreuses traces dans les bases de registres, qui sont détectées et effacées par SpyBot, un autre antispyware.

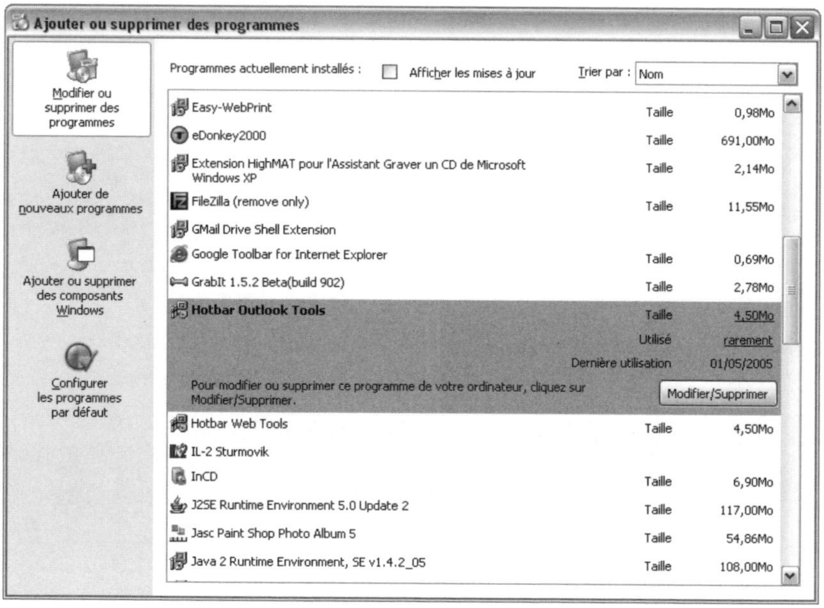

Figure 5.23 : La suppression de la Hotbar par le menu officiel de Windows.

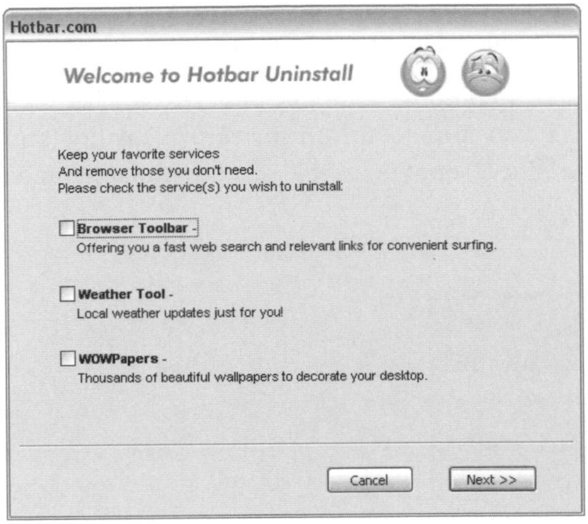

Figure 5.24 : La fenêtre de suppression... très déloyale.

Microsoft envisage de mettre un mouchard sur Longhorn

L'éditeur de Redmond envisage d'intégrer un mouchard dans Longhorn, le sys-tème d'exploitation qui devrait succéder à XP. Il s'agirait d'un système de "boîte noire" ayant pour mission de noter et d'archiver les événements intervenus, ainsi que le contenu des documents en cours d'utilisation lors d'un plantage de l'OS. Ces informations, ainsi recueillies, seraient ensuite transmises à Microsoft *via* Internet. Les défenseurs de la vie privée se sont insurgés contre cette proposition.

Pour en savoir plus, rendez-vous sur le blog de l'auteur : **http://www.echarton.com/ blog/archives/05-01-2005_05-31-2005.html#395.**

Contre-mesure

Si même les antispywares sont parfois faux, indulgents, intéressés ou malicieux, comment se protéger ? Reportez-vous toujours aux commentaires de grands fournis-seurs ou de médias réputés pour vous faire votre propre opinion, c'est le meilleur conseil que nous puissions vous donner.

Les sites de Computer Associates, de Microsoft (zone sécurité) ou encore **www.spy-warewarrior.com** sont complètement fiables.

La page **http://www.spywarewarrior.com/rogue_anti-spyware.htm**, de Spyware Warrior, est considérée comme étant la plus à jour et la mieux entretenue.

Pour les autres, ayez toujours un doute ! Y compris lorsqu'une publicité affichée dans un Google Adwords (voir Figure 5.25) vous promet un antispyware de qualité (sans parler des annonces d'Overture ou de Yahoo!, dont on a vu le peu de confiance qu'on pouvait leur accorder).

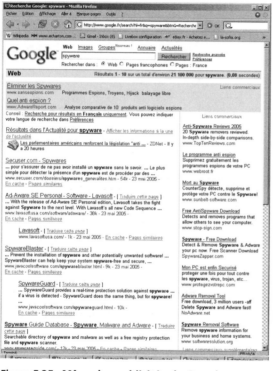

Figure 5.25 : Même les publicités de Google ne sont pas fiables.

En installant les antispywares proposés sur le CD-ROM qui accompagne cet ouvrage, vous ne prenez aucun risque. Nous allons vous les présenter tout de suite.

Comparatif
des antispywares

Après vous avoir expliqué comment fonctionnent les logiciels qui peuvent protéger vos ordinateurs contre les infections d'Internet, nous allons maintenant vous présenter notre sélection des meilleurs antivirus du marché. Clés en main : la plupart sont sur le CD-ROM qui accompagne cet ouvrage !

Malgré l'offre pléthorique du marché, nous n'avons retenu que les cinq logiciels suivants qui nous semblent les plus efficaces, sûrs et soutenus :

- Microsoft AntiSpyware ;

- Ad-Aware, de Lavasoft ;

- SpyBot Search And Destroy ;

- Symantec AntiSpyware ;

- PestPatrol, de Computer Associates.

Nous en avons testé de nombreux autres, qui n'ont bien souvent eu pour résultat que d'infecter un peu plus notre machine ! Nous pourrions aussi parler de quelques autres dont la qualité est réputée, mais qui sont payants, et moins répandus :

- Spyware Eliminator, d'Aluria : efficace, mais cher (**http://www.aluriasoftware
.com/homeproducts/spyware**).

- Spy Weeper, de Webroot, très bon, mais lui aussi payant (**http://www.webroot
.com/land/spysweeperb.php?rc=993**).

- Le très bon spyware Doctor, en anglais (sur votre CD), qui détecte aussi les keyloggers et les cookies traceurs (**http://www.pctools.com/spyware-doctor**).

- Mc Afee AntiSpyware, émis par une société renommée pour ses antivirus, mais encore peu efficace à notre avis (**http://us.mcafee.com/root/package.asp?pkgid =182&cid=9904**).

- NoAdware, très connu, mais très inefficace, et surtout mal vu par les internautes pour ses publicités… un peu trop agressives sur Internet (**http://www.noad-ware.net**).

Nous avons rejeté dans ce test un ensemble d'outils dont la loyauté n'est pas totalement établie. C'est le cas, par exemple, de l'antispyware livré avec la barre de navigation de Yahoo! (voir Figure 6.1), qui demeure très suspect, comme nous avons pu le voir. Nous avons aussi privilégié les logiciels gratuits, ou sharewares.

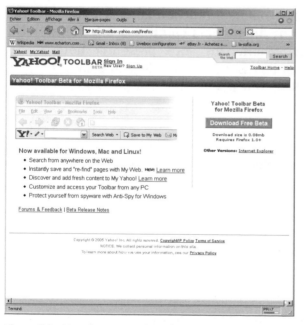

Figure 6.1 : L'antispyware de Yahoo!.

ATTENTION Ne téléchargez jamais un antispyware sur un site autre que celui de son éditeur. Utilisez toujours les liens fournis par des sources réputées pour accéder à la page de téléchargement officielle d'un antispyware.

Nos méthodes de test

Comment avons-nous procédé ? Contrairement aux laboratoires qui testent habituellement les logiciels de sécurité (**adwarereport.com** ou **pcchell.com**, par exemple), et qui produisent de remarquables essais sur les logiciels antispyware (voir Figure 6.2), nous n'avons pas choisi de procéder à des évaluations "méthodiques".

Figure 6.2 : Les évaluations de spywares sont à la mode sur Internet et dans les laboratoires.

Ces laboratoires utilisent en effet des machines d'expérimentation qu'ils infectent volontairement, puis mesurent le taux de réussite des spywares. Cette tactique d'essais pose plusieurs problèmes :

- Les spywares répondent à des modes : il vaut mieux infecter une machine avec les cent spywares les plus répandus, et vérifier qu'ils sont correctement détectés et effacés, plutôt que d'en tester mille que vous ne verrez – pour les trois quarts – jamais sur vos PC.

- Elle favorise la création d'outils antispyware fondés sur la quantité plutôt que la qualité. Or, ce qui prime, c'est d'effacer entièrement un spyware, et si possible dès sa mise sur le marché, et non de se contenter de dire qu'il est présent.

INFO Vous pouvez trouver d'autres tests d'antispywares aux adresses suivantes :

- **http://www.adwarereport.com/mt/archives/000004.html** ;
- **http://www.pchell.com/reviews/msantispyware.html**.

Signalons aussi la "spyware course", de CNET (**http://www.download.com/Spyware-Obstacle-Course/1200-2023_4-5143672.html?tag=navtop**), qui teste les antispywares sur une machine "polyinfectée". Une course gagnée par Ad-Aware, mais c'est pourtant SpyBot qui est fourni en standard par la section spyware de CNET... (**http://www.download.com/Spyware-Center/2001-2023_4-0.html?tag=stbc.gp**).

Nous avons pour notre part installé la plupart des logiciels antispyware testés sur une dizaine de machines, depuis le mois de janvier 2004. Ces machines d'utilisateurs ont été choisies pour leur propension à être régulièrement envahies par des spywares et des logiciels espions. Elles représentaient donc de parfaites plates-formes d'expérimentation en situation réelle (voir Figure 6.3).

Figure 6.3 : Un antispyware en action chez un utilisateur.

Nous avons pu constater avec cette démarche que nos résultats – qui sont empiriques et fondés sur la satisfaction de l'utilisateur de retrouver une machine stable, et non sur des mesures statistiques – sont très différents de ceux des laboratoires.

Nous n'attachons pas d'importance dans ce qui va suivre à la "performance mesurée", mais bien au confort retrouvé de l'utilisateur victime de spywares. En ce sens, nous suivons totalement les conclusions de Patrick M. Kolla (lire plus loin) qui se plaint des méthodes de tests mises en œuvre dans les médias.

Peu importe qu'un antispyware détecte vite des milliers de spywares, ce qui compte, c'est son efficacité réelle et opérationnelle. On peut bien comparer SpyBot et Ad-Aware et affirmer que le premier ne détecte que 26 % des signatures de spywares, alors que le second en trouve 51 %. Dans les faits, nous affirmons que sur nos machines de test, un PC nettoyé et protégé avec SpyBot pendant tout le dernier trimestre 2005 se comportait bien mieux et était moins réinfecté, sur la durée, qu'un autre nettoyé avec Ad-Aware.

D'expérience, l'auteur de cet ouvrage, qui travaillait dans les laboratoires de tests des principaux magazines d'informatique, sait que les éditeurs adaptent leurs outils pour obtenir de bons scores aux tests des magazines (au détriment parfois des performances réelles du produit, pour l'utilisateur !).

On en voit l'exemple avec la version bêta, que nous avons testée, de "Norton Internet Security™ 2005 AntiSpyware Edition" qui sera probablement l'une des mieux notées en termes de bibliothèque de signatures de spywares, mais demeure quasiment inutilisable tant elle consomme de ressources machine. (Ce logiciel est noté 2,6/10 par ses utilisateurs sur **http://zdnet-entrepreneur.com.com/Norton_Internet_Security _2005_Antispyware_Edition_beta/4505-3667_16-31338419-2.html?tag=top**.)

INFO Quelques remarques complémentaires sur la durée des tests.

Le logiciel Microsoft AntiSpyware n'a été testé que de janvier à avril 2005, alors qu'Ad-Aware ou SpyBot, par exemple, l'ont été pendant plus d'un an.

Symantec est une version bêta que nous n'avons testée que quelques jours sur une machine volontairement infectée (l'antispyware de cet éditeur n'est disponible que depuis le début du mois d'avril 2005, voir Figure 6.4).

Ce que nous vérifions

Nous avons aussi attaché beaucoup d'importance à la qualité des bases de signatures et à la fréquence de leurs mises à jour. Mais nous avons également cherché à tester ces antispywares sur des parasites réputés "collants" : en d'autres termes, les spywares qui cherchent à se réinstaller après une éradication, en utilisant des clés de bases de registres cachées pour se "remettre en selle".

Nous avons également attaché une grande importance à la protection en "temps réel" qui peut permettre de se passer d'un firewall.

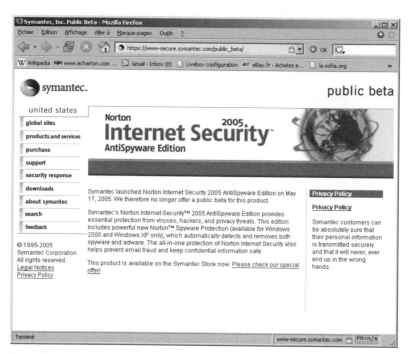

Figure 6.4 : Symantec et son antispyware, très décrié avant le lancement officiel.

Nous avons traqué les "faux positifs" (voir Figure 6.5). Ces fausses détections doivent êtres évitées à tout prix : elles peuvent conduire un utilisateur à effacer ou à demander la suppression d'un logiciel – considéré à tort comme un spyware – essentiel pour son ordinateur.

Comme le déclare Patrick M. Kolla (auteur de SpyBot) sur son site :

"La presse parle de plus en plus du spyware, ce qui est une bonne chose, car les gens doivent être informés à ce sujet. De nombreux articles contiennent également des synthèses sur les taux de détection des antispywares, ce qui est aussi une bonne chose. Mais la plupart des sociétés antispyware, y compris les plus connues, semblent s'empêtrer dans une lutte pour le meilleur taux de détection aux dépens de la qualité. Ces temps-ci, il semble qu'il vaut mieux marquer à tort un logiciel légitime, simplement pour afficher le meilleur taux de détection."

L'auteur connaît bien cette problématique sur les "faux positifs" puisque son ouvrage, *Hacker's Guide*, parle de très nombreux logiciels d'analyse réseau, absolument sûrs, et pourtant régulièrement signalés en tant que virus par les éditeurs d'antivirus (voir aussi à ce sujet l'étrange affaire Symantec-SpyBot, plus loin).

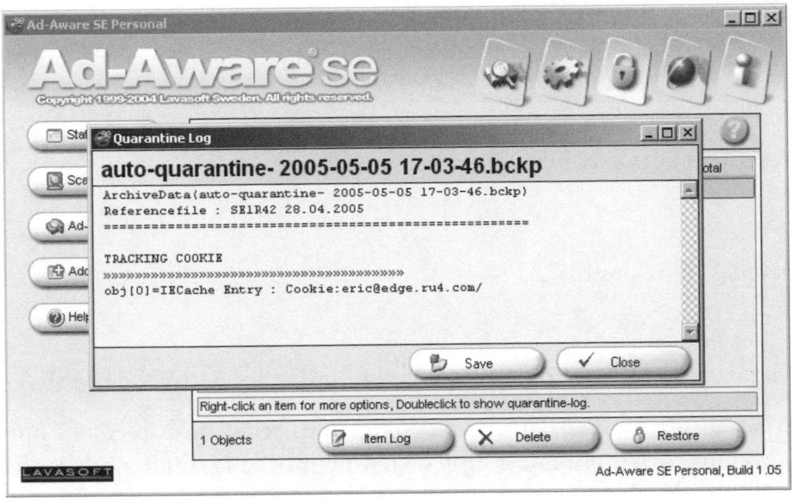

Figure 6.5 : Les "faux positifs", une vrai calamité.

A l'usage, le "faux positif" peut être aussi grave – voire pire – que l'absence de spyware détecté. Nous avons donc considéré qu'un antispyware performant qui multiplie les "faux positifs" est contre-productif.

Cela étant dit, étudions maintenant nos logiciels recommandés.

PestPatrol

- Produit : PestPatrol

- Prix d'achat : 40 $

- Société : Computer Associates

- Sites : **http://www.ca.com/fr/**, **http://www.ca.com/products/pestpatrol/**

- Evaluation : 8/10

- Récupération : sur le site de l'éditeur (vérificateur en ligne sur **http://www3.ca.com/securityadvisor/pest/pestscan.aspx**)

- Version testée : PestPatrol 2005

- Compatibilité : Windows 98, NT4, Me, 2000, XP, XP SP2 (impose Microsoft Internet Explorer)

Avantages

- Détecte bien les spywares, bonne capacité d'éradication.

- Logiciels de prévention efficaces.

- Interface utilisateur agréable, bien qu'un peu trop dense.

Inconvénients

- Produit quelques "faux positifs".

- Coûteux.

- Le scan en ligne ne fonctionne pas avec Firefox (il utilise les ActiveX de MSIE).

S'il ne coûtait pas aussi cher, PestPatrol (voir Figure 6.6) serait probablement l'un des meilleurs produits. A performances égales, rien ne justifie la différence de prix entre l'outil racheté par Computer Associates (voir Figure 6.7) et ses concurrents.

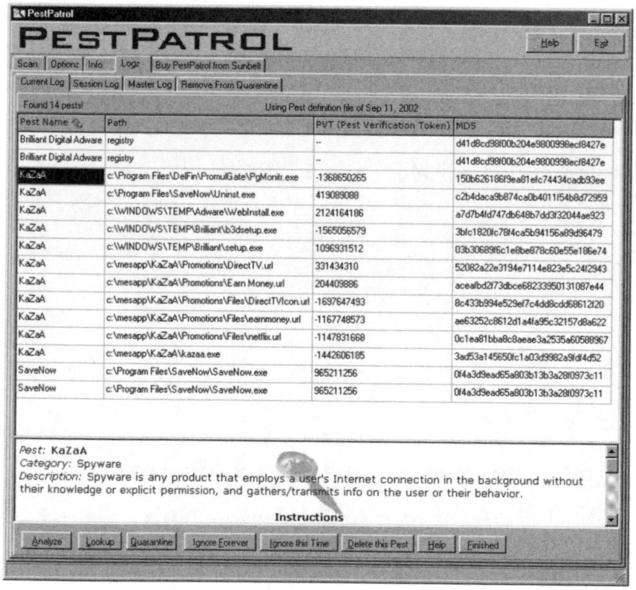

Figure 6.6 : PestPatrol.

Côté performances, tout y est : il sait bloquer les intrusions dans Internet Explorer, détecte les spywares installés en mémoire, examine et répare la configuration de démarrage et les bases de registres, efface les cookies trop intrusifs.

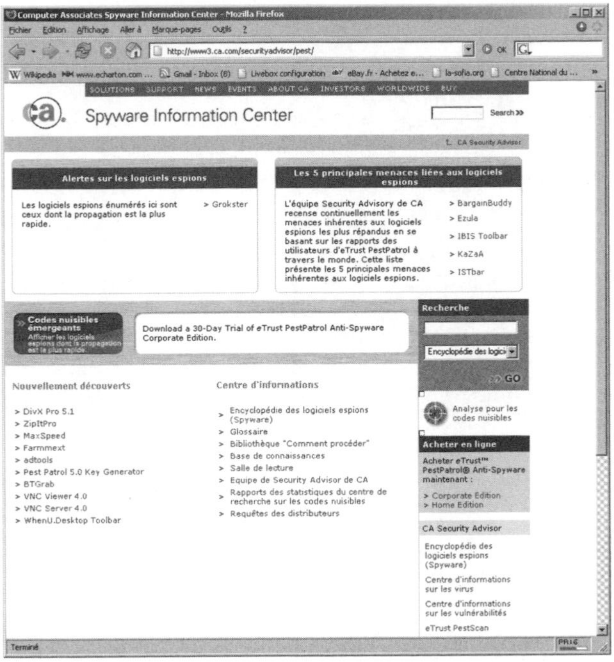

Figure 6.7 : Le site de Computer Associates et sa base de signatures, très détaillée.

Sa base de signatures – reproduite dans le Spyware Information Center (**http://www3.ca.com/securityadvisor/pest**) – est l'une des plus remarquables du marché, et constitue assurément une très bonne base sur laquelle s'appuie ce logiciel.

A l'usage

L'interface de PestPatrol est très attractive : claire et simple à utiliser. Tout au plus pourrait-on lui reprocher le manque de clarté dont elle fait preuve après une détection. L'abondance d'informations nuit parfois. Cela dit, ce défaut est largement tempéré par le fait que PestPatrol est très intelligent : il propose toujours des solutions par défaut aux utilisateurs (quarantaine, destruction, maintien en l'état) lorsqu'il détecte un logiciel suspect (voir Figure 6.8).

Sa rapidité est moyenne : il demande environ 50 à 60 % plus de temps que ses concurrents, à configuration égale, pour réaliser un examen complet de votre disque dur. C'est la contrepartie à accepter pour obtenir une véritable exploration sans concession de votre machine.

Figure 6.8 : Un bon niveau pour PestPatrol.

PestPatrol semble d'ailleurs être l'un des seuls outils capables de détecter des spywares dans les fichiers images (failles de sécurité les plus récentes) : il peut pointer des spywares cachés dans des fichiers JPG, MP3 et des archives au format Zip.

PestPatrol permet de définir des tâches de fond (lancement de scan automatisé la nuit, par exemple).

En conclusion

Il ne fait aucun doute que PestPatrol est l'un des meilleurs outils pour détecter et détruire les spywares, y compris les plus "collants". Régulièrement mis à jour, ce logiciel est l'un des plus performants. Il est malheureusement trop cher pour l'utilisateur individuel. Il représente – en revanche – la meilleure proposition pour les petites entreprises et les réseaux locaux de taille moyenne.

Ad-Aware

- Produit : Ad-Aware

- Prix d'achat : 40 $

- Société : Lavasoft

- Site : **www.lavasoft.com**

- Evaluation : 6/10

- Compatibilité : Windows 98, 2000, NT40, XP et Me.

- Récupération : sur le site de l'éditeur ou votre CD-ROM

Avantages

- Interface relativement réussie.

- Bonne capacité de suppression des logiciels espions.

Inconvénients

- Payant.

- Son efficacité n'est jamais totale d'après nos essais.

- Une propension à laisser des traces dans les fichiers de démarrage, qui donnent le champ libre à une réouverture des spywares à court ou moyen termes.

- Des bases de signatures qui privilégient la quantité au détriment de la qualité.

Ad-Aware est l'un des plus anciens antispywares. Il est largement diffusé sur la base du shareware. Son principe fonctionnel est très classique : il vérifie la mémoire, les bases de registres, les zones de démarrage et les disques durs. Il possède une très bonne base de détection de spywares et de codes malicieux. Les mises à jour de signatures sont très régulières. Nous lui reprocherons néanmoins de privilégier la quantité de détection, pour bien figurer dans les tests comparatifs (comme nous l'avons expliqué plus haut), plutôt que l'efficacité, immédiate, mais moins spectaculaire (voir Figures 6.9 et 6.10).

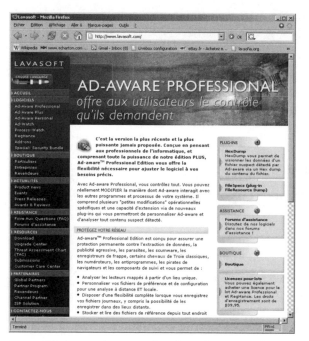

Figure 6.9 : Lavasoft et son site, fournisseur d'Ad-Aware.

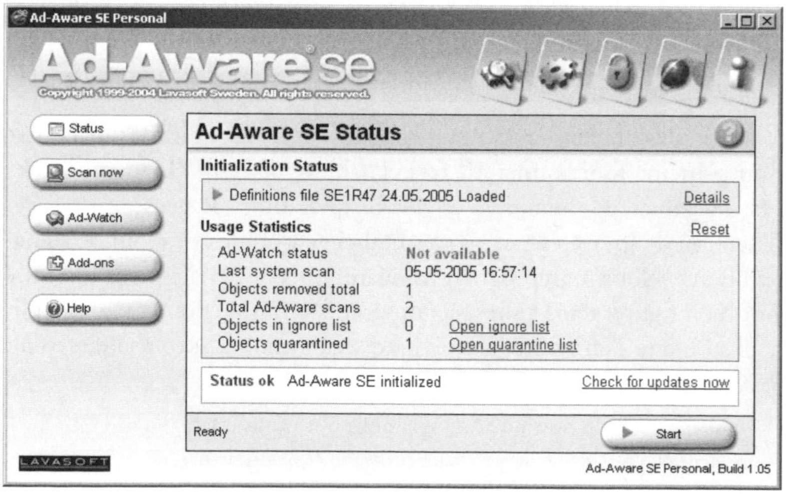

Figure 6.10 : Le logiciel Ad-Aware.

A l'usage

Des options d'examen complémentaires sont proposées (processus actifs, registres système, par exemple). L'interface de l'application est claire et agréable à utiliser. Des assistants performants guident l'utilisateur pendant toute la phase de détection et de destruction. Il est aussi possible, pour les utilisateurs expérimentés, de choisir manuellement les actions à mener.

En conclusion

Ad-Aware est probablement l'un des meilleurs outils en termes de signatures de spywares identifiées (voir Figure 6.11). Il est aussi très rapide, c'est incontestable, mais il ne peut protéger votre ordinateur contre les intrusions qu'une fois débloqué (c'est-à-dire acheté).

Nous avons pu également nous apercevoir à plusieurs reprises de ceci. Après une désinfection, Ad-Aware laisse apparemment le PC intact, mais quelques jours plus tard les spywares reviennent en masse. La raison en est simple : certains spywares associés à des troyens sont détectés, effacés, mais pas leur entrée dans la base de registres. Résultat, après quelques jours, les spywares et autres adwares infestent à nouveau la machine par l'entremise des redémarrages, qui les rechargent.

A de très nombreuses reprises, nous avons obtenu les meilleurs résultats en combinant Ad-Aware et SpyBot qui, eux seuls, permettaient d'éradiquer entièrement les spywares d'un PC.

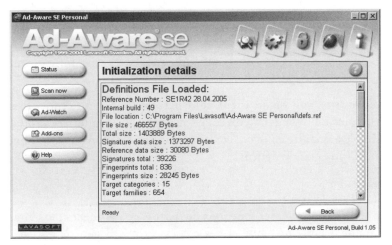

Figure 6.11 : Les signatures d'Ad-Aware : quantité ou qualité ?

INFO Ad-Aware propose un centre de recherches sur les virus et les spywares, que vous pouvez consulter à cette adresse : **http://www.lavasoftresearch.com**.

SpyBot Search And Destroy

- Produit : SpyBot Search And Destroy
- Prix d'achat : freeware (dons acceptés)
- Société : Patrick Kolla (individuel)
- Site : **http://www.safer-networking.org/fr/index.html**
- Evaluation : 7/10
- Compatibilité : Windows 98, 2000, NT40, XP et Me
- Récupération : sur le site de l'éditeur ou votre CD-ROM

Avantages

- Interface très réussie.
- Bonne capacité de suppression des logiciels espions.
- Outils de nettoyage système manuels très bien conçus.
- Gratuit.
- Protection active de bonne qualité.

Inconvénients

- Son efficacité n'est jamais totale d'après nos essais.
- Une instabilité occasionnelle a été remarquée (réparée après une mise à jour corrective).

SpyBot Search And Destroy (voir Figure 6.12), édité par une toute petite entreprise, sait détecter et supprimer de très nombreux codes malicieux. Son interface utilisateur est vraiment simple à prendre en main, et ses suggestions d'actions (éradication, mise en quarantaine) d'une grande rigueur.

A l'usage

Il est complété par de très nombreuses fonctions de nettoyage manuelles : exploration des registres, examen de la mémoire et des tâches actives. Il génère aussi des rapports de très bonne qualité. Sa fonction Imunize (voir Figure 6.13) lui permet de jouer le rôle préventif de pare-feu : elle est très efficace.

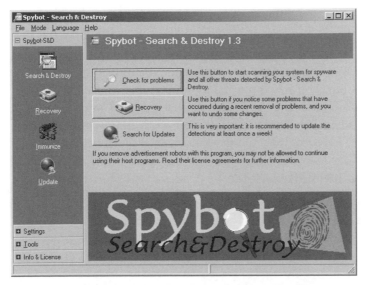

Figure 6.12 : SpyBot : un des plus anciens, et le moins cher !

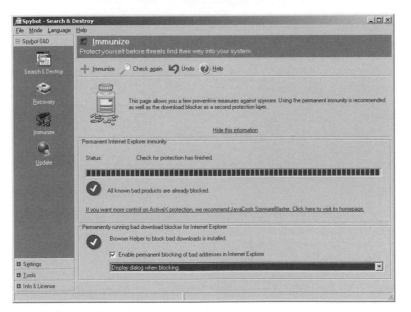

Figure 6.13 : Les fonctions pare-feu de SpyBot.

Ses fonctions de mises à jour sont remarquables : elles concernent aussi bien les bases de signatures de virus que les méthodes de détection, la documentation et quelques patches de sécurité (pour corriger des failles d'Explorer, par exemple).

Notons que SpyBot peut aussi effacer les traces d'utilisation : une fonction intéressante si vous partagez votre ordinateur avec d'autres personnes et que vous ne vouliez pas qu'ils sachent ce que vous avez fait. Et pour les utilisateurs professionnels, il permet de corriger certaines incohérences du registre et de créer des rapports complets. Vous pouvez voir une liste de toutes ces fonctions en cliquant sur Caractéristiques.

En conclusion : un outil indispensable

Ce logiciel nous a toujours donné satisfaction, bien que certains observateurs constatent qu'il peine parfois à détecter les dernières signatures de virus connus.

On l'a aussi accusé d'instabilité (voir Figure 6.14), ce qui n'est pas faux, et peut aussi se comprendre, étant donné le peu de moyens dont disposent ses créateurs.

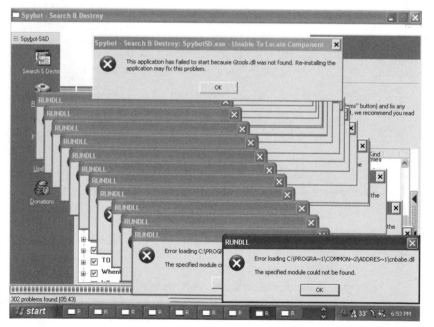

Figure 6.14 : L'instabilité de SpyBot.

Nous devons admettre qu'aujourd'hui SpyBot doit être systématiquement conjugué avec Microsoft AntiSpyware ou être utilisé avec ses fonctions de nettoyage à la main (actions dans les bases de registres, destruction de process) pour être parfaitement efficace.

> **DICO** Un process est un logiciel qui fonctionne en tâche de fond sous Windows. Les fonctions de protection résidentes des antispywares surveillent l'activité de ces process.

Cela dit, les commentaires trouvés dans la presse ou sur des sites de sécurité sont très injustes : ce logiciel n'a rien à envier à Microsoft AntiSpyware, par exemple, en termes de qualité des détections (voir Figure 6.15). Il est d'autre part bien moins lourd et encombrant que la version bêta de Symantec que nous avons testée (lire plus loin).

Voir SpyBot Search And Destroy classé après Ad-Aware dans certains comparatifs n'est pas raisonnable : à l'usage, en situation réelle chez des utilisateurs, il est absolument incontestable que SpyBot stabilise la quasi-totalité des machines dans les meilleures conditions. C'est loin d'être le cas d'Ad-Aware… à moins de parler de machines de laboratoire !

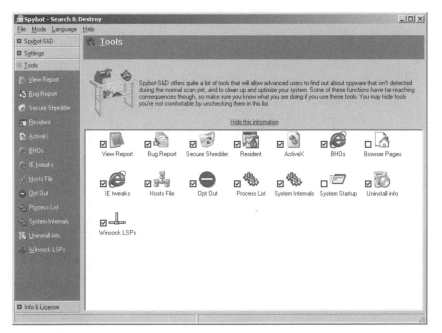

Figure 6.15 : Les fonctions évoluées de SpyBot.

Ajoutons que pendant toute l'année 2004, ce logiciel, toujours gratuit, a été le seul outil digne de ce nom capable d'aider nombre d'utilisateurs avec efficacité. Nous avons rénové une dizaine de PC avec, en effaçant parfois des milliers de spywares.

 Pour obtenir des informations complémentaires sur l'instabilité (réelle) de SpyBot, consultez la page **http://www.adwarereport.com/mt/archives/000045.html**.

Microsoft AntiSpyware

- Produit : Microsoft AntiSpyware

- Prix d'achat : gratuit pour le moment

- Société : Microsoft (anciennement édité par Giant)

- Site : **http://www.microsoft.com/athome/security/spyware/default.mspx**

- Evaluation : 8/10

- Compatibilité : Windows 98, 2000, NT40, XP et Me

- Récupération : sur le site de l'éditeur

Avantages

- Belle interface utilisateur.

- Capacité de suppression des logiciels espions.

- Agents de sécurité supplémentaires inclus.

- Mises à jour et réseau de détection de spywares.

- Action préventive de très haute performance.

Inconvénients

- L'efficacité décline depuis ces deux derniers mois.

- Doutes quant à la prise en compte de certaines barres de navigation déclarées conformes à la charte Microsoft.

- Problèmes répétitifs avec d'ennuyeuses fenêtres surgissantes et autres soucis à l'utilisation.

Pour faire face à l'invasion de spywares, Microsoft a acheté l'entreprise Giant en décembre 2004. Elle est maintenant en train d'intégrer le produit AntiSpyware dans la suite Windows (voir Figure 6.16) et dans la future version de Microsoft Internet Explorer 7 pour essayer de faire face aux multiples problèmes de sécurité rencontrés par les utilisateurs d'Internet Explorer.

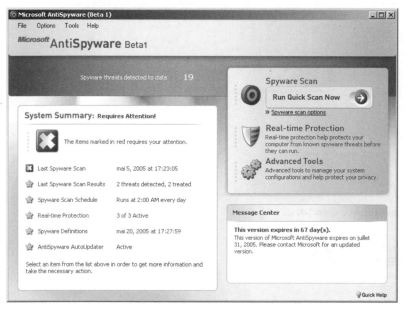

Figure 6.16 : Microsoft AntiSpyware.

Evidemment, de par la nature même de son propriétaire, AntiSpyware est victime de faits particulièrement malveillants : dès le premier trimestre 2005, des pirates avaient créé un ver capable de désactiver la protection Microsoft AntiSpyware !

Mais ce programme est très efficace, et ses réseaux de détection sont parmi les mieux dotés de la planète, ce qui n'est pas rien !

A l'usage

Microsoft AntiSpyware est équipé d'un très belle interface utilisateur (voir Figure 6.17), agréable à employer, simple et conviviale. Un vrai régal pour le débutant. Il sait fonctionner de manière automatisée, parfois avec un peu d'excès : l'abondance de ses fenêtres d'alerte (voir Figure 6.18) est souvent pointée du doigt.

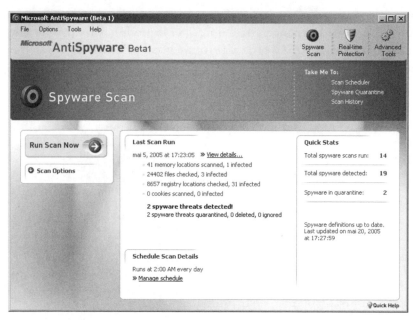

Figure 6.17 : Une interface conviviale.

Figure 6.18 : Des fenêtres d'alerte envahissantes.

Dans ce cadre, les recherches de spywares par la voie du scan sont parmi les plus rapides. Les mises à jour de bases de signatures sont très fréquentes (plus que quotidiennes). Mais nous allons voir que la qualité et l'efficacité de ces données sont discutées.

De nombreux observateurs affirment en effet que les capacités de détection de cet outil auraient décliné depuis quelques mois. Faut-il y voir un symptôme de la para-noïa anti-Microsoft ? Pour notre part, en comparant sur une période de deux mois un PC protégé par Microsoft et un autre par SpyBot, nous avons pu constater que les deux machines étaient vierges de toutes infections. Tout au plus SpyBot avait-il détecté des cookies persistants et des restes de la Hotbar (encore elle) que Microsoft AntiSpyware n'avait pas mentionnés. Rien de bien méchant donc.

C'est notre point de vue. Pour d'autres, avant son acquisition par Microsoft, Giant affichait quasiment un parcours sans faute en matière de désactivation et de détec-tion. Cette dégradation laisserait à penser que les agents de recherche de Giant ont été remplacés par des personnes moins performantes (ou peut-être moins motivées) chez Microsoft (lire à ce sujet notre enquête sur la fameuse Toolbar).

Répétons-le, vous lirez sans doute ce genre de propos, mais ils ne correspondent pas à ce que nous avons observé.

Microsoft AntiSpyware détecte la majeure partie des clients peer-to-peer en tant que spywares (voir Figure 6.19). Vous pouvez mettre ces derniers en quarantaine ; l'action est réversible (voir Figure 6.20). Microsoft AntiSpyware vous permet en effet d'annuler tout changement qu'il aurait apporté. Nous avons testé cette possibi-lité qui marche merveilleusement bien.

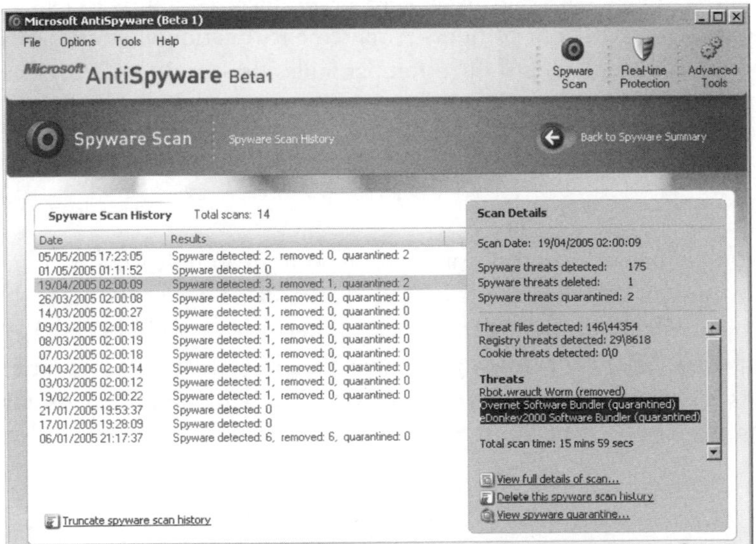

Figure 6.19 : Les logiciels peer-to-peer sont détectés en tant que spywares.

Figure 6.20 : La quarantaine est réversible.

Enfin, ajoutons que Microsoft AntiSpyware inclut un gestionnaire de tâches pro-grammées, ainsi que des agents de sécurité capables de protéger en temps réel votre ordinateur ; à l'usage, ces agents ont toujours parfaitement fonctionné (tout parti-culièrement à l'occasion de tentatives d'intrusion par failles de sécurité). Ce logiciel sait aussi effacer toutes les traces laissées sur votre ordinateur par les autres applica-tions.

En conclusion :

Un logiciel très complet, associé à un réseau de protection de grande qualité. Une question reste en suspens : celle des conditions de reprise et de développement de cet outil par la société Microsoft. Pour demeurer aussi performant qu'il l'était chez Giant (son concepteur), Microsoft Antispyware doit faire l'objet de mises à jour et d'un suivi efficace des arrivées de nouveaux virus. Jusqu'ici, quoiqu'en disent beaucoup de commentateurs, Microsoft AntiSpyware reste très bon, mais qu'en sera-t-il à terme ?

Symantec AntiSpyware

- Produit : Norton Internet Security™ 2005 AntiSpyware Edition

- Prix d'achat : version bêta gratuite ; version commerciale probablement 70 $ dès juin 2005

- Société : Symantec

- Lien de téléchargement : **https://www-secure.symantec.com/public_beta/index .html**

- Evaluation : 2/10

- Compatibilité : XP/NT/2000

- Récupération : sur le site de l'éditeur

Avantages

- Belle interface utilisateur.

- Capacité de suppression des logiciels espions.

- Agents de sécurité supplémentaires inclus.

Inconvénients

- Crainte quant aux "faux positifs".

- Si lourd que le PC devient presque inutilisable.

- Pourquoi payer 70 $ quand Microsoft AntiSpyware est plus souple, moins gourmand en puissance machine, et surtout gratuit ?

Symantec offre une version publique de sa version bêta de Norton Internet Security™ 2005 AntiSpyware Edition, jusqu'au 1er juin 2005. Le logiciel pourra, pendant cette période, être téléchargé gratuitement sur le site de cet éditeur (voir Figure 6.21).

Le logiciel protègera votre ordinateur en temps réel, détectant les logiciels espions qui tentent de s'installer. Un scan complet du PC à la recherche de logiciels intrusifs est aussi proposé dans cette version bêta.

Nous n'avons aucun intérêt à tester un logiciel pour donner un mauvais jugement – c'est malheureusement le cas – mais nous devons aussi admettre que l'hégémonie de Norton Antivirus est telle que vous serez nombreux à vouloir l'acquérir, ou à le recevoir par le biais d'une mise à jour. Nous devons donc en parler.

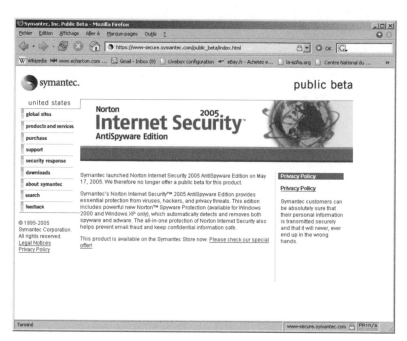

Figure 6.21 : Le site de téléchargement de la version bêta du logiciel de Symantec.

Pour télécharger cette version bêta, vous devez vous rendre sur la page de Symantec, inscrire votre adresse e-mail et accepter le contrat de licence. Une fois ces étapes franchies, vous pourrez télécharger un fichier de 33,5 Mo. L'installation est donc un peu longue.

Nous avons testé ce logiciel… Quelle déception ! Cela s'est vite soldé par une désinstallation (voir Figure 6.22).

Ce logiciel modifie toutes vos applications : il protège les clients de messagerie, les explorateurs, la machine, et à ce titre se niche partout. Mais pourquoi diable cet antispyware a-t-il besoin de lire tous nos e-mails et d'indiquer dans leur en-tête qu'il l'a fait ?

En conclusion : une bêta, rien qu'une bêta…

Nous devons nous garder de porter des jugements hâtifs sur ce logiciel tant qu'il n'est pas commercialisé sous sa forme définitive. Mais nous pouvons quand même remarquer que l'antispyware qui accompagnera Norton souffre des mêmes défauts insupportables que le fameux antivirus de la marque.

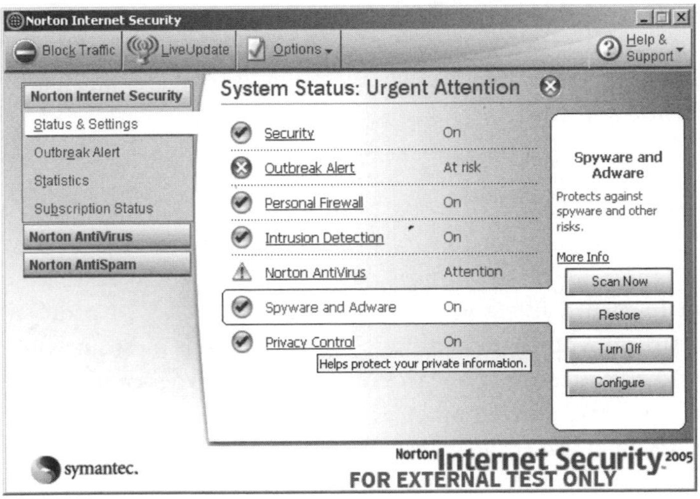

Figure 6.22 : Un logiciel très lourd à gérer pour un ordinateur...

Il est poussif, il ralentit la machine sur laquelle il est installé, il la déstabilise parfois même. Nous espérons que cet outil ne produira pas trop de "faux positifs" (calamiteuse manie de Norton Antivirus) quand il sera diffusé dans sa version définitive.

A l'heure où vous lirez ces lignes, la version bêta sera devenue commerciale. Il se sera écoulé un mois entre nos tests et la commercialisation effective. Nous confirmerons ou non ces impressions sur le site de l'auteur (**www.echarton.com/blog**) mais nous ne voyons guère comment en si peu de temps Symantec pourrait améliorer suffisamment la vitesse de ce produit.

INFO Norton Antivirus marque l'application SpyBot Search And Destroy comme étant le virus SymbOS.Cabir (connu aussi sous le nom de A29.Cabir). La réponse de Symantec à la réclamation de SpyBot a été que le problème était "mis dans la liste d'attente". Rien n'a pourtant changé avec les sept mises à jour de Symantec depuis le premier contact pris entre les deux éditeurs. Question : Symantec, qui préparait son propre antispyware, a-t-il délibérément placé SpyBot dans ses listes de signatures virales ? L'éditeur a-t-il cherché à déstabiliser ce produit gratuit (en le discréditant auprès des nombreux utilisateurs de Norton) pour mieux imposer le sien ?

Quel antispyware utiliser ?

A l'heure du choix, les trois antispywares les plus probants sont les suivants, dans l'ordre de leur classement :

- SpyBot ;

- Microsoft AntiSpyware ;

- Ad-Aware.

Ces trois outils sont performants, mis à jour régulièrement, et ils savent protéger l'ordinateur contre les intrusions après un nettoyage. Aucun des trois n'est suffisamment exhaustif pour nettoyer entièrement une machine qui héberge des centaines de spywares. Ils doivent *a minima* être combinés : notre association préférée est composé de Microsoft AntiSpyware et de SpyBot. Dans la quasi-totalité des cas, ce que l'un oubliera, l'autre l'éliminera. Ils se complètent donc merveilleusement bien (voir Figure 6.23).

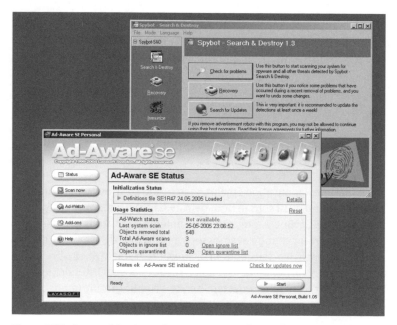

Figure 6.23 : La combinaison de spywares est la meilleure solution.

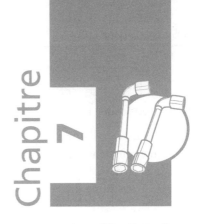

En pratique : nettoyer un PC

Nous connaissons le mode de fonctionnement des antispywares et le mode de propagation des logiciels malicieux. Nous allons maintenant tenter de diagnostiquer les infections, de les supprimer, puis de protéger notre PC contre les nouvelles intrusions.

La principale difficulté en matière d'infection par logiciel malicieux, c'est d'abord l'identification. Par nature, le spyware, le malware sont discrets ; il est donc toujours difficile de savoir si un PC qui déraille est victime d'une infection ou d'un simple défaut.

En effet, nous savons tous que les ordinateurs – particulièrement ceux qui tournent sous Windows – sont depuis toujours victimes de défauts de fonctionnement. Ces défauts n'ont rien à voir avec une infection ou une intrusion.

Manque de chance, les comportements erratiques d'un ordinateur infecté par un spyware ressemblent beaucoup à ceux liés à des dysfonctionnements classiques, purement techniques. Ces dysfonctionnements peuvent donc intervenir sans qu'aucun spyware ne soit mis en cause. Voici quelques exemples de pannes (voir Figure 7.1) qui n'ont rien à voir avec un quelconque logiciel malicieux :

- Les logiciels peuvent "planter", en affichant une fenêtre d'erreur système, ou un écran bleu.

- La machine peut devenir très lente si son processeur est vieux ou partiellement détruit (lire sur ce sujet l'ouvrage *Overclocking*, du même auteur).

- Les pilotes de périphériques fonctionnent souvent mal.

- La connexion Internet peut ralentir la machine, car la ligne est mauvaise.

- Windows et d'autres logiciels téléchargent maintenant des mises à jour automatiquement : faut-il en déduire, lorsque votre ordinateur se connecte tout seul à Internet (voir Figure 7.2), que celui-ci est victime d'un troyen en train d'exploiter votre disque dur ?

Figure 7.1 : Les erreurs de Windows existent. Sont-elles pour autant le signe d'une infection ?

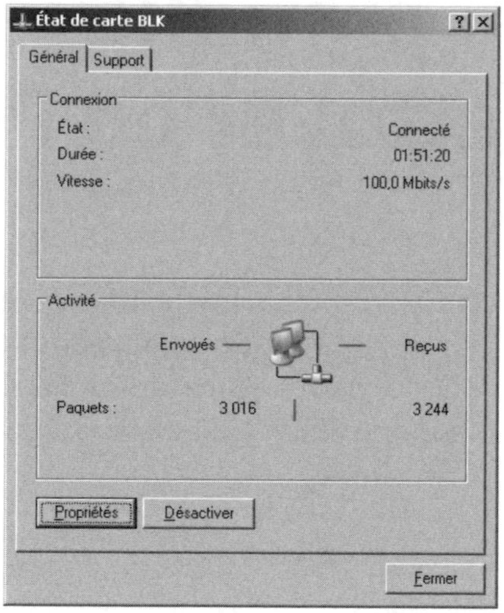

Figure 7.2 : Quand Internet semble occupé sans raison, avons-nous affaire à un spyware ou à un défaut technique ?

Votre PC déraille ?

Et pourtant, tous les symptômes que nous venons de décrire peuvent aussi trahir une infection par spyware ! Voilà bien la difficulté !

Avant de vous aider à discerner la nature du mal qui ronge votre PC, rappelons donc au moins cette évidence : les nouvelles infections par spywares ou logiciels malicieux sont étroitement liées à l'existence d'une connexion à Internet, le plus souvent à haut débit.

Si votre PC utilise peu ou pas Internet, ses dysfonctionnements son rarement imputables aux spywares qui, par nature, ont besoin du réseau pour fonctionner et s'introduire.

Cela étant dit, quelques symptômes permettent de soupçonner avec un haut niveau de probabilité l'existence d'une infection :

- Votre ordinateur émet des données sur Internet sans raison et votre connexion devient lente. Cela peut être vérifié en observant – sous Windows XP – l'indicateur de trafic sortant (voir Figure 7.3) : vous êtes probablement victime d'un spyware ou d'un troyen.

  Attention : si c'est le trafic entrant qui est important, vous avez peut-être simplement affaire à un téléchargement automatique de mise à jour logicielle (Windows Update, par exemple).

  Si vous utilisez un client peer-to-peer actif, celui-ci peut aussi générer un trafic susceptible de ralentir votre liaison à Internet (voir Figure 7.4). D'autres symptômes vous convaincront de l'existence d'une infection.

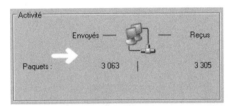

Figure 7.3 : Windows n'a aucune raison d'expédier autant de données sans votre aval.

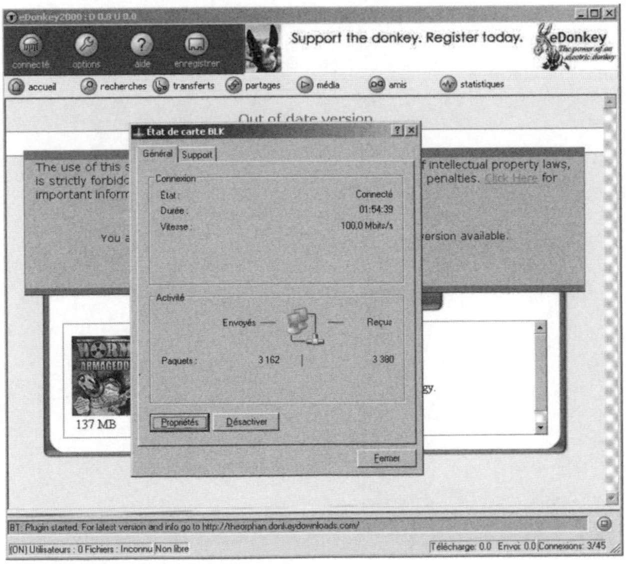

Figure 7.4 :
Le trafic important dû à une mise à jour, l'utilisation d'un logiciel à financement par la publicité et le peer-to-peer peuvent aussi expliquer le ralentissement de votre liaison Internet.

- Vous avez perdu la page d'erreur par défaut de votre explorateur (voir Figure 7.5, celle de Microsoft Explorer), et cette dernière est remplacée par une publicité ou un moteur de recherche (voir Figure 7.6) : c'est ce qu'on appelle un "browser hijacking". Un spyware est dans la place, c'est certain !

- Une nouvelle barre de navigation s'est installée sans aucune demande de votre part, dans Explorer, dans votre client de messagerie (voir Figure 7.7) ? C'est encore un browser hijacking !

- Votre Bureau reçoit des icônes que vous n'avez pas demandées ? Vous êtes victime d'un spyware (voir Figure 7.8) ou d'un "dialer".

- Votre explorateur ne répond pas lorsque vous demandez une adresse de site, il plante, il répond étrangement. C'est aussi probablement un problème de spyware.

- Vous recevez des publicités dans des fenêtres alors qu'aucun explorateur n'est ouvert ? Pas de doute, le spyware manifeste sa présence.

Figure 7.5 : La page d'erreur par défaut de Windows...

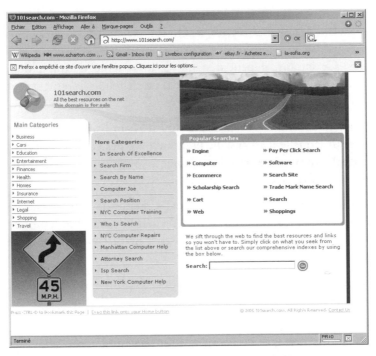

Figure 7.6 : Vous avez perdu votre page d'erreur par défaut ?
Un spyware n'est pas très loin...

| DashBar ▾ | Enter search words here | ▾ | 🔍 Search | Price Comparison |

Figure 7.7 : Une barre de navigation s'est installée sans crier gare ?
Un spyware est présent !

Figure 7.8 : Une icône s'est invitée !

Pour résumer, disons que le premier objectif du spyware est souvent d'inciter l'utilisateur à accepter une offre (publicité, service, etc.). En général, l'action la plus couramment entreprise par un spyware consistera donc à modifier l'explorateur et à diffuser des publicités. Ce faisant, il peut déstabiliser le système d'exploitation. Donc, tout ce qui déraille, qui est étrange, qui ralentit, et est relié à Internet, peut trahir la présence d'un spyware.

Le spyware peut aussi (et en cela il se rapproche du virus) utiliser la connexion Internet de la machine sur laquelle il est installé pour envoyer des courriers électroniques non désirés (spam). Une connexion Internet ralentie ou occupée est donc elle aussi parfois synonyme de présence d'un spyware.

Certains spywares peuvent aussi modifier des fichiers système de la machine (le fichier "hosts" de Windows, par exemple, un fichier très sensible, car il indique aux navigateurs Internet comment convertir une adresse Web – **http://www.mabanque .com** – en adresse IP – 192.231.12.18).

En utilisant ce fichier, un spyware peut ainsi vous faire croire que vous êtes sur un site officiel, alors que vous n'explorez qu'une copie (arnaque classique intitulée *phishing*) .

Après cette lecture, vous vous dites que, décidément, tout cela est bien compliqué, et qu'il est difficile de s'y retrouver dans toute cette jungle de vrais et faux défauts. Et vous avez raison !

Finalement, le meilleur moyen de savoir si un spyware infecte votre machine, c'est – au moindre doute – de lancer un antispyware et de vérifier, tout simplement. Cela prend quelques minutes, et c'est très efficace.

Installer un antispyware

Nous devons différencier ici deux phases de l'utilisation d'un antispyware :

- celle qui consiste à nettoyer et à désinfecter un PC ;
- celle qui consiste à protéger un PC.

Dans un premier temps, nous allons installer un antispyware. Ce dernier va immédiatement (pour les trois logiciels exemples que nous utiliserons) lancer un scan, c'est-à-dire un examen minutieux de vos fichiers, de votre système, de votre machine.

Deux des trois antispywares que nous vous présentons sont contenus dans le réper-toire "antispy" de votre CD-ROM. Pour installer l'un d'entre eux, il vous suffit de cliquer sur son nom, la procédure est automatique :

- Pour installer Ad-Aware, lancez le programme aawsepersonal.

- Pour installer Microsoft AntiSpyware, lancez le programme microsoftantispywa-reinstall.exe (à télécharger sur le site de l'éditeur).

- Pour installer SpyBot, lancez le programme SpyBotsd13.

Notez que les spywares sont des logiciels très évolutifs. Conséquence : les antispywa-res aussi. Il est donc possible que les versions proposées soient un peu anciennes au moment où vous lirez ces lignes.

Le logiciel AntiSpyware de Microsoft, par exemple, est une version bêta, datée de février 2005. Il n'est pas possible de prévoir son fonctionnement au-delà du mois de mai 2005. Il est par ailleurs prévu que, dans un délai très bref, ce logiciel ne soit plus utilisable et récupérable que par les utilisateurs légitimes de Windows XP (voir Figure 7.10). Ce dispositif n'est pas encore activé pour le moment.

Vous pouvez donc installer les antispywares proposés en l'état, mais n'oubliez pas de procéder, dès leur lancement, à une mise à jour (voir Figure 7.9, l'exemple d'Ad-Aware).

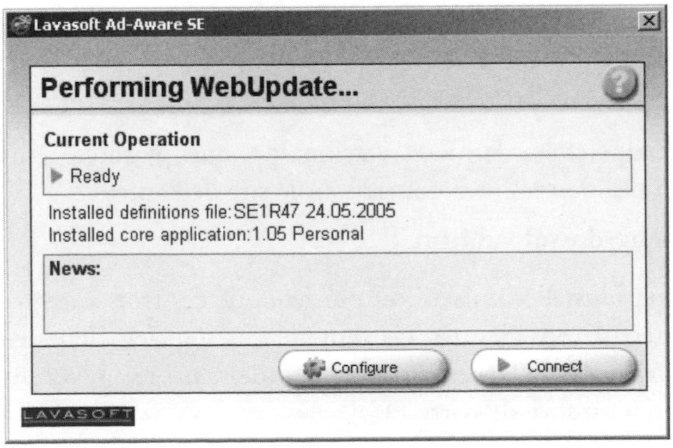

Figure 7.9 : Après une installation, Ad-Aware vous propose automatiquement de télécharger les dernières mises à jour : laissez-le faire !

Figure 7.10 : L'utilisation de Microsoft AntiSpyware ne sera probablement autorisée que pour les détenteurs de copies légales de Windows.

Notez que si vous préférez récupérer les dernières versions des antispywares, vous pouvez aussi les télécharger en utilisant les liens fournis sur le site de l'auteur :

http://www.echarton.com/liens_download.htm

Enfin, ajoutons que vous pouvez installer un seul ou plusieurs de ces trois antispywares simultanément (nous reparlerons des associations de ces logiciels dans un instant). Au démarrage, les trois outils se lanceront automatiquement, récupèreront des mises à jour et procèderont à un scan de votre PC.

Le premier scan

Le scan consiste en une exploration méthodique de votre disque dur et de vos ressources. A l'issue d'un scan, le logiciel vous présente une fenêtre ou un rapport, décrivant les éventuels logiciels malicieux détectés sur votre machine.

Avec Ad-Aware

Dans la fenêtre de scan d'Ad-Aware, pendant cette phase d'exploration, vous observez des indications sur la progression de la tâche (voir Figure 7.11) :

- Dans Opérations en cours (*Curent Operation*), le logiciel décrit ce qu'il fait.

- Dans Résultat (*Summary*), il indique en haut à gauche le nombre de tâches de vérification réalisées, et en bas à gauche le nombre de points critiques trouvés (des spywares, des défauts).

- En bas à droite sont indiqués le nombre de spywares ou objets critiques trouvés, et leur type (spyware, fichier, base de registres).

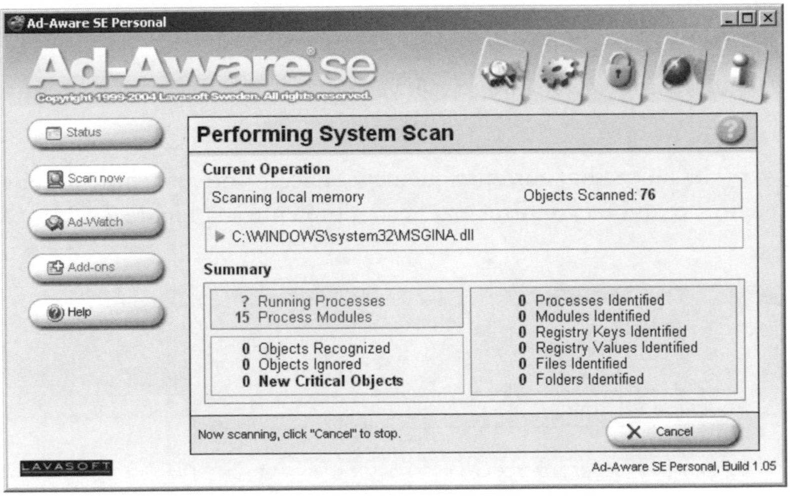

Figure 7.11 : Ad-Aware est en train d'explorer notre PC.

Dès que le scan est terminé, si vous cliquez sur le bouton Suivant (*Next*), vous accédez à une liste des objets trouvés : ces objets sont des logiciels malicieux, dont la nature est indiquée (Data Miner pour une barre publicitaire ou un cookie, spyware pour un espion, etc.).

Vous pouvez sélectionner les objets à détruire ou à mettre en quarantaine un par un en cliquant sur les cases à cocher à gauche, ou en activant le menu contextuel et en validant Tous les objets (*All Objects*) [voir Figure 7.12].

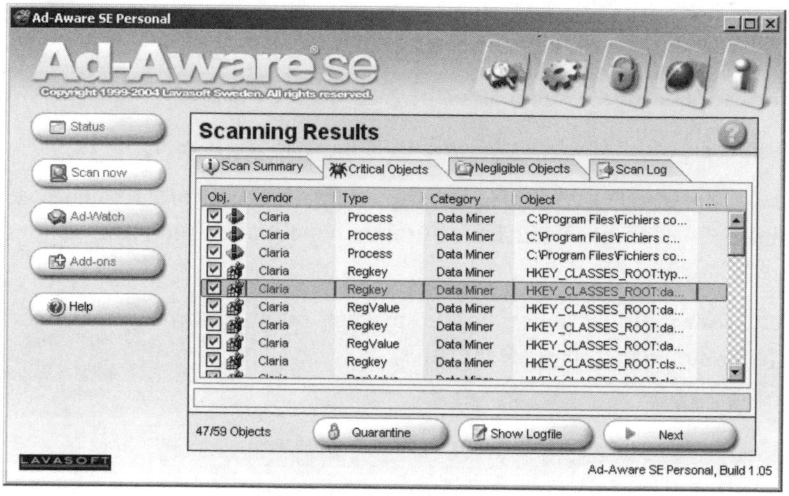

Figure 7.12 : Tous les objets critiques à détruire sont validés.

Cliquez sur Suivant, les objets sont automatiquement effacés. Votre machine devrait maintenant être saine, ce qui est confirmé par l'écran présenté à la Figure 7.13.

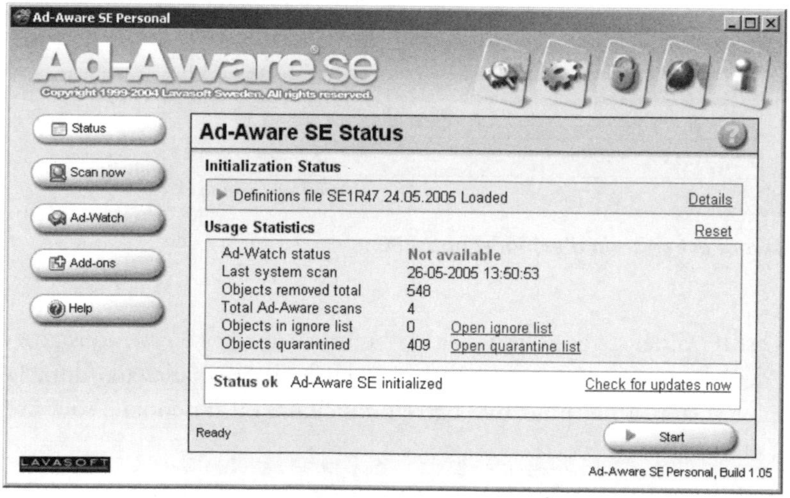

Figure 7.13 : La machine est nettoyée.

Avec SpyBot Search And Destroy

SpyBot Search And Destroy lance lui aussi un scan au démarrage ou lorsque l'utilisateur clique sur le bouton Search And Destroy, puis sur Check for Problem (voir Figure 7.14).

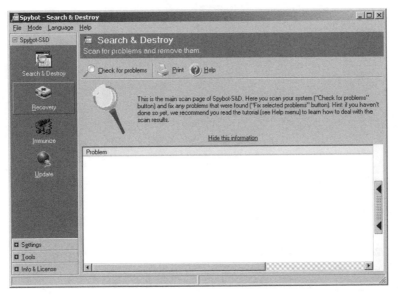

Figure 7.14 : Le lancement de SpyBot.

Il est un peu moins convivial qu'Ad-Aware puisqu'il n'affiche que peu d'informations pendant ses phases de scan, sinon sa progression (voir Figure 7.15). En revanche, il indique à mesure de ses découvertes les noms des espions qu'il a rencontrés (voir Figure 7.16).

Une fois le scan terminé, vous n'avez qu'à cliquer sur le bouton Fix Selected Problems pour détruire les espions trouvés.

Avec Microsoft AntiSpyware

Dès que Microsoft AntiSpyware est installé, il lance un premier scan. Vous pouvez aussi démarrer une vérification en cliquant sur le bouton Scan Now, à droite de la première fenêtre (voir Figures 7.17 et 7.18). (Notez qu'à l'heure où nous écrivons ces lignes, Microsoft AntiSpyware est toujours en cours de traduction, mais une version française devrait arriver très rapidement.)

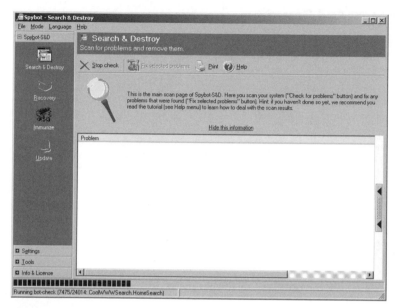

Figure 7.15 : Le scan est en cours.

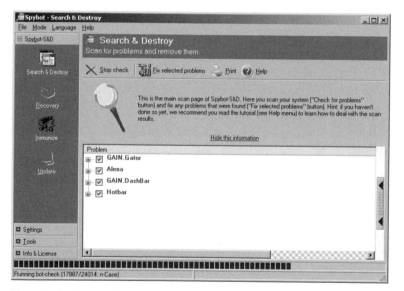

Figure 7.16 : Des espions ont été trouvés.

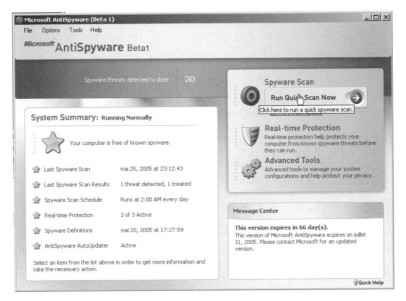

Figure 7.17 : Cliquez sur le bouton Scan Now pour lancer le scan.

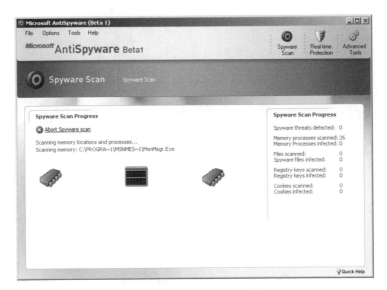

Figure 7.18 : L'AntiSpyware explore votre ordinateur.

A l'image d'Ad-Aware, Microsoft AntiSpyware affiche la quantité de détections à mesure. Ce n'est qu'après avoir terminé ses explorations qu'il vous indique les noms des spywares détectés.

Vous constatez à la Figure 7.19 qu'AntiSpyware est plus convivial que ses deux compétiteurs. Non seulement il indique les noms des spywares trouvés, mais il propose, dans une liste déroulante affichée à gauche, une stratégie d'action :

- **Ignorer.** Ne pas s'occuper du logiciel espion pour cette fois.

- **Quarantaine.** Figer le logiciel provisoirement, avec une possibilité de retour en arrière (si, par exemple, le spyware considéré n'en était pas un).

- **Effacer (*Remove*).** Détruire définitivement le spyware.

- **Ignorer toujours (*Always Ignore*).** A utiliser si la détection était en réalité un "faux positif", ce qui neutralisera à l'avenir la fonction de détection de Microsoft AntiSpyware pour ce logiciel.

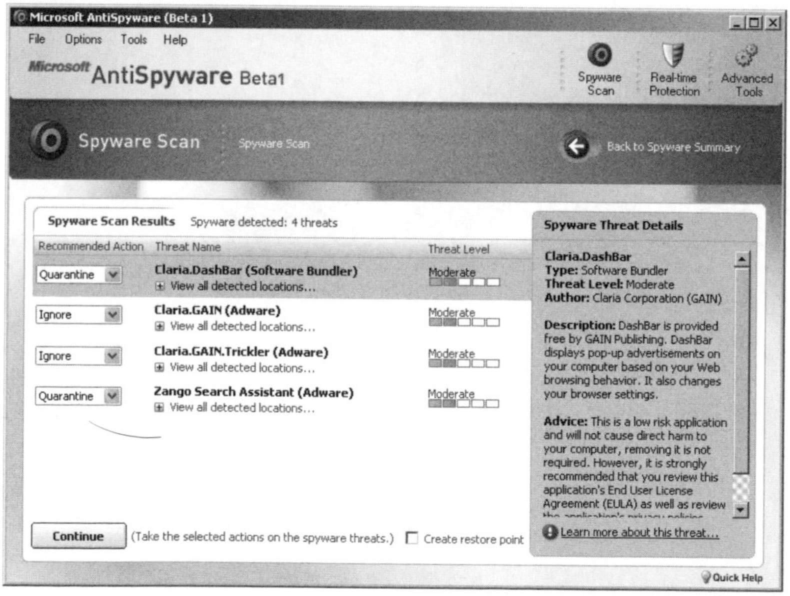

Figure 7.19 : AntiSpyware indique les noms des spywares et recommande des stratégies d'éradication.

Nous vous recommandons de choisir, pour chaque spyware détecté, de conserver la stratégie proposée par Microsoft AntiSpyware. Cliquez sur Continuer, Microsoft AntiSpyware nettoie l'ordinateur.

Comment choisir les objets à effacer ?

Nous avons vu que ces trois outils n'imposent jamais l'effacement d'un spyware. Ils proposent d'effacer, éventuellement de conserver, ou de mettre en quarantaine.

Que choisir ? Dans la plupart des cas, les suggestions d'effacement ou de mise en quarantaine sont à suivre à la lettre. Rares sont les logiciels malicieux détectés qui méritent d'être conservés. Le cas échéant, et si vous avez un doute, utilisez les encyclopédies de spywares (liste présentée sur **http://www.echarton.com/liens_secu.htm**) pour connaître la nature exacte du spyware détecté.

Nous avons pu constater sur ces trois exemples que Microsoft AntiSpyware est le plus compréhensible pour un utilisateur néophyte. Ce logiciel suggère et informe mieux que nombre d'autres antispywares.

L'utilisateur peu expérimenté pourra donc s'en remettre en toute confiance à l'outil de Microsoft et à ses suggestions. A ce titre, c'est ce logiciel que nous recommandons pour les débutants.

Associez deux logiciels

Lorsque vous procédez à une première désinfection d'un ordinateur qui n'a jamais été protégé par un antispyware, il est toujours recommandé de conjuguer l'action de deux antispywares. La raison de cette association est simple : aucun antispyware ne propose de base de signatures exhaustive (voir les deux chapitres précédents sur ce sujet).

En associant deux outils de détection (voir Figure 7.20), vous couplez donc deux bases de détection, et vous multipliez vos chances d'éradiquer un spyware résistant. Nous vous recommandons à cet effet d'associer sur votre ordinateur l'AntiSpyware de Microsoft avec SpyBot Search And Destroy (sur votre CD-ROM).

Nous avons testé ces logiciels ensemble, avec toutes les combinaisons de configurations possibles ; ils se recoupent très peu, et généralement ce que ne trouve pas l'un, l'autre le détecte. Attention, ce que nous venons de dire ne signifie pas qu'il faut obligatoirement faire fonctionner deux antispywares en même temps ! Il s'agit juste ici de nettoyer pour la première fois une machine.

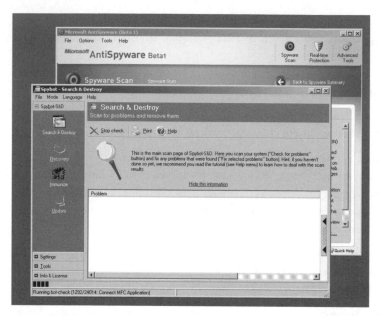

Figure 7.20 : L'association de deux logiciels antispyware est essentielle.

Vous pouvez également essayer ces autres configurations qui fonctionnent très bien :

- Ad-Aware + SpyBot Search And Destroy (mais qui laissent quand même de nombreuses traces de spywares).

- Ad-Aware + Microsoft AntiSpyware.

- PestPatrol + SpyBot Search And Destroy.

Dans tous les cas, pour bien profiter de l'action de deux antispywares, ne lancez pas de scan simultanément. Faites travailler les outils les uns après les autres, afin d'éviter les conflits.

Le spyware au quotidien

Votre machine est nettoyée ? Reste, pour repartir sur de bonnes bases, à prévenir les nouvelles infections. Cette phase passera par l'activation des fonctions de prévention des antispywares. Avec certains outils, la prévention se fait par défaut, c'est-à-dire que le logiciel antispyware, dès qu'il est installé, est prêt à protéger la machine en permanence. Avec d'autres, tels que SpyBot, elle résulte d'une configuration. Examinons ces possibilités.

Activer les fonctions de prévention de Microsoft AntiSpyware

Pour activer les fonctions de prévention de Microsoft AntiSpyware, cliquez sur l'icône "Real Time Protection". La fenêtre affichée (voir Figure 7.21) vous indique le niveau de protection en vigueur.

Figure 7.21 : La protection de Microsoft AntiSpyware.

La protection de Microsoft AntiSpyware est hiérarchisée en trois points :

- **Internet agents.** Protection des points d'accès à Internet, par exemple les cartes Wi-Fi ou encore la connexion par modem.

- **System agents.** Protection du système, par exemple prévention des modifications des hostfiles.

- **Application agents.** Protection des logiciels et de ce qui les entoure. Les "tâches" (c'est-à-dire la surveillance des logiciels pendant qu'ils fonctionnent), les registres de démarrage, les extensions des explorateurs (ActiveX), bref tous les points faibles que peuvent contenir les applications que vous utilisez, seront surveillés.

Nous vous recommandons d'activer par défaut toutes les protections de Microsoft AntiSpyware : il suffit de cliquer sur une rubrique (voir Figure 7.22), de valider les types de protections (voir Figure 7.23), puis de cliquer sur Valider (*Activate*).

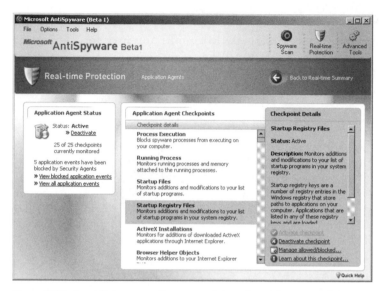

Figure 7.22 : La rubrique contient une thématique de protection.

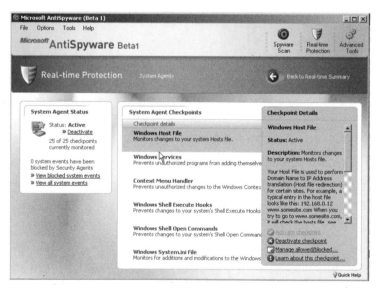

Figure 7.23 : Activez une protection.

ATTENTION

Il peut être difficile de faire fonctionner plusieurs antispywares en même temps en mode prévention. Les observations de mémoire, de tâches, faites en temps réel, peuvent fonctionner moins bien si elles entrent en conflit.

Vous pouvez activer ou désactiver globalement une protection en positionnant le curseur de la souris au-dessus et en cliquant sur Activate ou Desactivate (voir Figure 7.24). Notez que toutes les protections dédiées aux explorateurs de Microsoft AntiSpyware ne s'appliquent qu'à la famille d'explorateurs Internet de Microsoft, Internet Explorer.

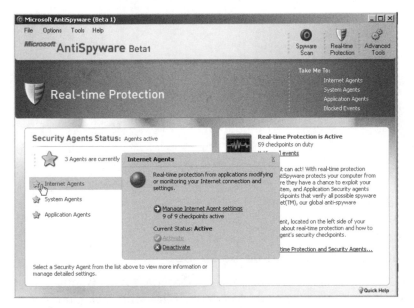

Figure 7.24 : Activer ou désactiver globalement une protection.

Dans quelles circonstances aurez-vous à désactiver une protection de Microsoft AntiSpyware ?

Lorsque celle-ci gène votre travail sur l'ordinateur, ou qu'elle bloque des "espions" que vous souhaitez conserver : c'est le cas, par exemple, de "Dialup Connection".

Vous pouvez être l'utilisateur légitime d'un "dialer" et ne pas souhaiter que Microsoft AntiSpyware le bloque. Pour l'utiliser, vous devrez désactiver la fonction de protection Antidialer de Microsoft, dans la rubrique "Internet Agent Status" (voir Figure 7.25) [reportez-vous à la fin de ce chapitre pour plus d'informations sur ce sujet].

Les fonctions de prévention de Microsoft AntiSpyware vous informent de leur activité par la présence d'un symbole représentant une cible, à côté de l'horloge (voir plus loin Figure 7.28).

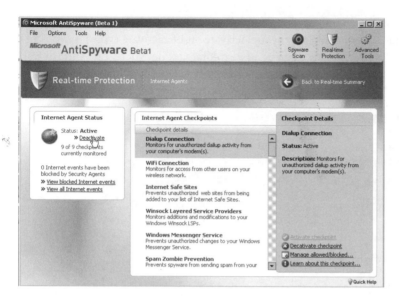

Figure 7.25 : La protection antidialer activée.

Activer les fonctions de prévention de SpyBot

SpyBot Search And Destroy propose lui aussi des fonctions de prévention, mais beaucoup moins détaillées que celles de Microsoft. Elles sont donc globalement moins efficaces, mais aussi moins encombrantes.

Les options de prévention de SpyBot peuvent être configurées de manière très fine par l'utilisateur. Il suffit de cliquer sur Settings, dans la section Settings, pour définir le comportement de SpyBot. Cliquez sur Ignore Products pour choisir d'épargner certains logiciels (ou d'en détecter d'autres, tels que Nero, par exemple, en le validant dans la rubrique Tracks). Cliquez sur Ignore File Extensions pour éliminer quelques catégories de fichiers à examiner.

Ces fonctions ne sont pas activées par défaut ; pour mettre en œuvre ces protections, lancez SpyBot et cliquez sur Imunize (voir Figure 7.26).

SpyBot examine la liste des produits bloqués. Vous pouvez cocher la case "Enable Permanent Blocking", qui ne s'applique qu'à Internet Explorer (elle n'est pas compatible avec Firefox). Validez l'option Display Dialog qui vous avertira dès qu'une tentative d'installation de spyware aura lieu.

Cliquez ensuite sur Imunize.

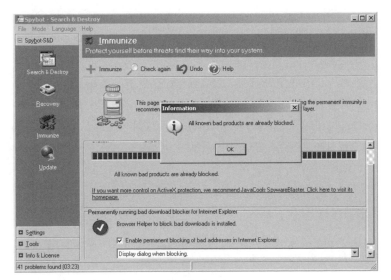

Figure 7.26 : La fonction Imunize de SpyBot.

La protection résidente

Il existe une seconde méthode de protection permanente dans SpyBot – c'est d'ailleurs la plus efficace – accessible depuis le menu Tool, section Resident (voir Figure 7.27).

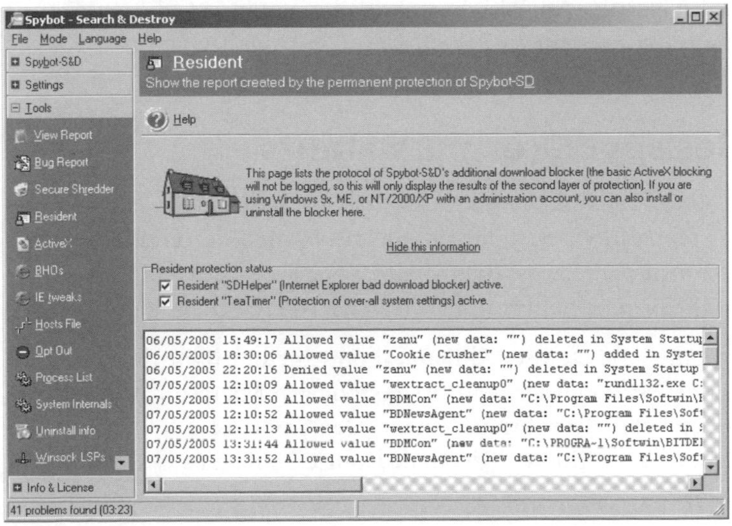

Figure 7.27 : La fonction de protection résidente de SpyBot.

SD Helper est une application qui bloque tout téléchargement associé à Internet Explorer qui serait considéré comme dangereux (un outil d'installation de spywares, par exemple, ou encore un ActiveX malicieux). Tea Timer vérifie qu'aucune modification n'est réalisée sur les clés de registres les plus critiques, et surveille les activités de lancement et d'arrêt de programmes. Ces deux outils sont très importants pour prévenir les infections.

Cochez SD Helper et Tea Timer : une icône apparaît dans la barre des tâches (voir Figure 7.28) ; elle indique que SpyBot est actif et qu'il observe votre ordinateur en permanence.

Figure 7.28 : La fonction de protection résidente de SpyBot et de Microsoft est visible dans la section droite de la barre des tâches.

Activer les fonctions de prévention d'Ad-Aware

La fonction Watch d'Ad-Aware (voir Figure 7.29) n'est pas disponible dans la version gratuite du logiciel, telle que livrée sur votre CD-ROM. Vous pourrez vous en passer en adoptant les fonctions de protection de Microsoft AntiSpyware ou de SpyBot, qui sont exactement du même niveau de qualité.

Dès que le module est installé, Ad Watch observe de manière résidente (comme SpyBot) votre ordinateur et prévient les infections.

Supprimer les spywares persistants

Dans des cas, malheureusement assez fréquents, l'action des logiciels antispyware n'empêchera pas la réapparition, au bout de quelques jours, de certains logiciels malicieux particulièrement persistants. Rien à faire, vous les effacez à la main, votre antispyware les identifie bien, et pourtant, sans relâche, ils reviennent !

Le cas présenté à la Figure 7.30 est assez édifiant : il présente une barre de navigation installée régulièrement et assez sauvagement (ist.xxxtoolbar). Microsoft AntiSpyware peut l'effacer, mais elle se réinstalle continuellement. De nombreux utilisateurs ont été victimes de cette infection à répétition au début de l'année 2005, sans savoir vraiment comment s'en débarrasser.

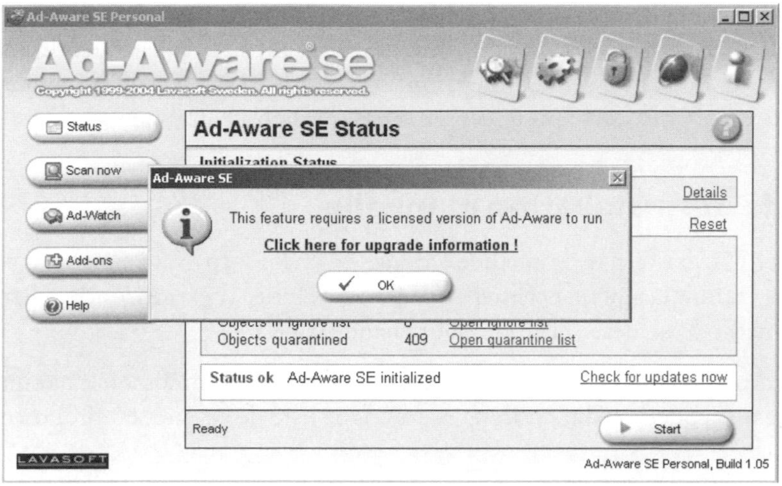

Figure 7.29 : La fonction Watch d'Ad-Aware est payante.

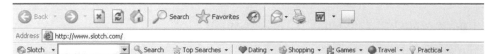

Figure 7.30 : Une toolbar envahissante.

Ist.Xxx.toolbar

Cette barre de navigation est composée d'une multitude de spywares et de "voleurs d'explorateur" qui modifient la page d'erreur et celle de démarrage. Elle est diffusée par l'entreprise Integrated Search Technologies, dont le site Web est **http://www.isearchtech.com/**. Le réel propriétaire de ce site n'est pas déclaré (l'enregistrement de domaine étant fait sous le nom du référenceur "Tucows"). Aucune adresse postale ou référence légale d'entreprise n'est fournie sur le site. Vous récupérez généralement ce spyware par le biais d'un e-mail piégé ou à l'occasion d'un surf sur un site Internet.

De tels cas ne sont pas rares : les auteurs de spywares réussissent à inventer des logiciels malicieux plus performants que les antispywares. En règle générale, ils sont toujours effacés par SpyBot ou Microsoft AntiSpyware, mais sont équipés d'un mécanisme qui leur permet de se réinstaller.

Il faudra malheureusement, dans ce cas, achever la suppression du spyware à la main, ou patienter quelque temps : les mises à jour de votre antispyware parviendront forcément – un jour ou l'autre – à détruire définitivement le logiciel malicieux. Pour ce qui nous concerne, nous décidons de tenter la désinstallation à la main !

Méthode de désinstallation manuelle

En ce domaine, il n'existe pas de méthode miracle : chaque spyware possède ses propres recettes techniques pour persister sur votre machine. Il existe donc – c'est logique – une méthode de désinstallation pour chaque spyware !

La méthode de désinstallation manuelle vous sera généralement communiquée par un site qui propose une encyclopédie sur les spywares. Une liste de ces sites est proposée à l'adresse suivante :

http://www.echarton.com/liens_secu.htm

Il existe aussi des listes de procédures de désinstallation détaillées pour les spywares les plus connus. Visitez par exemple la page suivante :

http://www.pchell.com/support/spyware.shtml

Pour éradiquer notre toolbar ist.xxxtoolbar, nous utiliserons les services de l'encyclopédie des spywares de Computer Associates (éditeur de PestPatrol) :

http://www3.ca.com/securityadvisor/pest/browse.aspx

ATTENTION

Ne vous rendez jamais sur le site du fournisseur d'un spyware (par exemple **www.isearchtech.com**) pour obtenir une procédure de désinstallation : ces dernières sont rarement loyales. Leur seul but est de créer un climat de "loyauté" autour d'un spyware. Un leurre !

180solutions, Claria, Top Rebats, pour ne citer que les pires, ont presque toutes proposé sur leur site, à un moment de leur histoire, des procédures de désinstallation incomplètes ou – pire – cherchant à installer de nouveaux spywares ! Sachez-le : le seul moyen valable pour éradiquer un spyware, c'est d'utiliser un antispyware !

Passons maintenant à l'action. Microsoft AntiSpyware nous a indiqué avoir éradiqué à de nombreuses reprises ist.xxxtoolbar (voir Figure 7.31).

En explorant l'encyclopédie de Computer Associates, nous découvrons une barre intitulée ist.xxxtoolbar, à l'adresse :

http://www3.ca.com/securityadvisor/pest/pest.aspx?id=453075516

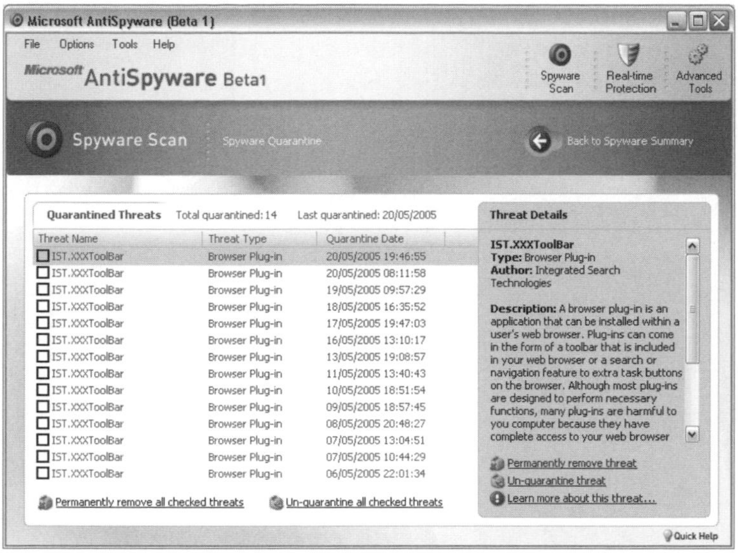

Figure 7.31 : Microsoft et son historique des destructions de spywares.

C'est celle que nous recherchons (voir Figure 7.32). Pensez toujours à rechercher des noms légèrement différents, car les spywares et les virus – nous l'avons dit en début d'ouvrage – ne sont pas toujours enregistrés exactement sous le même nom chez tous les éditeurs.

Sur le site 2-spyware, par exemple, nous obtenons une fiche descriptive sous l'intitulé xxxtoolbar, qui correspond exactement au même logiciel :

http://www.2-spyware.com/remove-xxxtoolbar.html

> **ASTUCE** Le moteur de recherche de spywares est disponible sur la page **http://www.echarton.com/ liens_secu.htm** du site de l'auteur. Vous pouvez l'utiliser pour rechercher des références de spywares.

En lisant ces deux pages, nous obtenons des indications pour supprimer manuellement le spyware, et éventuellement des propositions de téléchargement d'utilitaires spécialisés dans leur éradication. Pour cet exemple, nous allons appliquer à la lettre les propositions de Computer Associates :

- Effacer et déréférencer la DLL (un fichier contenant des morceaux de programmes) intitulée programfilesdir+\istbar\istbar.dll.

- Supprimer des bases de registres l'ensemble des clés indiquées.

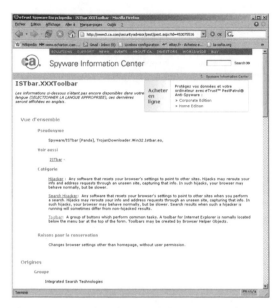

**Figure 7.32 : La description de la ist.xxxtoolbar
sur le site de Computer Associates.**

- Effacer les fichiers indiqués, s'ils sont présents sur le disque dur.

- Effacer des répertoires.

Pour effacer une DLL, vous pouvez utiliser l'outil Regsvr32. Cet utilitaire s'emploie avec une ligne de commande sous cette forme :

```
▼       Regsvr32 [/u] [/n] [/i[:cmdline]] nom_dll
▼           /u - pour désenregistrer la DLL
▼           /i - pour passer une ligne de commande
```

Dans notre exemple, nous tapons donc la commande dans le menu Démarrer de Windows, ligne Exécuter :

```
Regsvr32 /u [chemin_du_repertoire_duprogramme]\istbar\istbar.dll
```

Puis nous redémarrerons l'ordinateur, comme indiqué dans la procédure. Ensuite, nous effaçons les entrées de registre. Pour retirer la première :

```
HKEY_CLASSES_ROOT\clsid\{386a771c-e96a-421f-8ba7-32f1b706892f}
```

Nous lançons le logiciel utilitaire Regedit en tapant dans la ligne de commande regedit. Nous recherchons la classe (ici intitulée HKEY_CLASSES_ROOT) à gauche de l'écran de Regedit. Nous recherchons ensuite "clsid". Nous double-cliquons.

Nous recherchons ensuite la clé {386a771c-e96a-421f-8ba7-32f1b706892f}. Nous cliquons dessus et nous validons Supprimer (voir Figure 7.33).

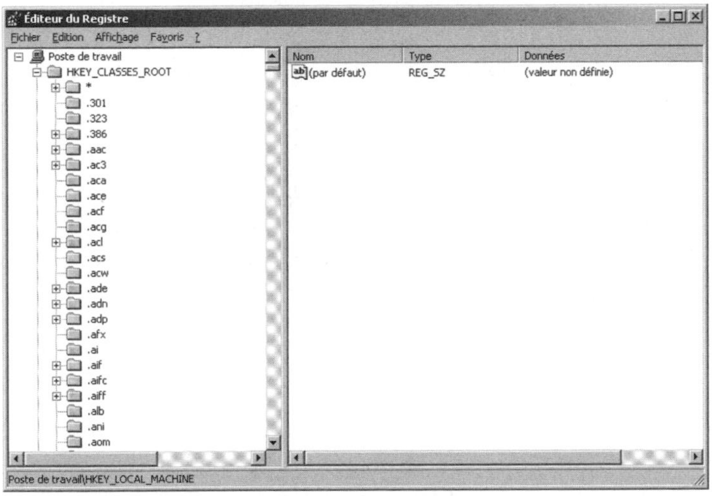

Figure 7.33 : Pour effacer une clé de registre.

Une fois que la clé est effacée, nous devons achever la procédure en effaçant les fichiers et répertoires suggérés par Computer Associates.

Pour effacer les fichiers suggérés dans les fenêtres Fichiers et Répertoires, il suffit d'ouvrir l'explorateur et de parcourir notre disque dur, puis de supprimer ces documents (voir Figure 7.34).

Supprimer les tâches actives

Dans certains cas, vous pourrez aussi utiliser la fonction de destruction de tâche de SpyBot pour supprimer l'instance du spyware en cours d'exécution, c'est-à-dire une partie de programme qui y est relié, et qui est resté actif en mémoire. Pour cela, vous devez accéder aux fonctions étendues de votre antispyware.

Ces dernières sont accessibles dans le menu Advanced Tools, System Explorer (voir Figure 7.35) de SpyBot. Vous pouvez consulter les trois listes proposées dans la section Applications. Elles fournissent un descriptif détaillé de chaque tâche active : il suffit de cliquer, puis de détruire ou bloquer celle qui vous paraît suspecte ou qui porte le nom d'un spyware, pour empêcher celui-ci de fonctionner.

Figure 7.34 : Effacer les fichiers à l'aide de l'explorateur.

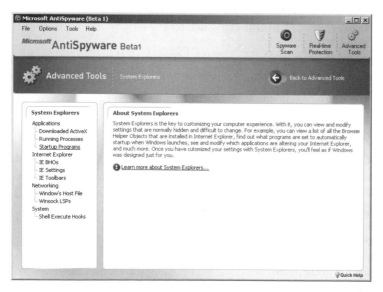

Figure 7.35 : La fonction de destruction de tâche de Microsoft AntiSpyware.

Dans SpyBot, c'est avec l'une des fonctions ActiveX ou Process List de la section Tools (voir Figure 7.36) que vous rechercherez les listes de fichiers actifs à éradiquer. Il vous suffit de cliquer dessus avec le bouton droit de la souris, et de valider Kill Process (voir Figure 7.37).

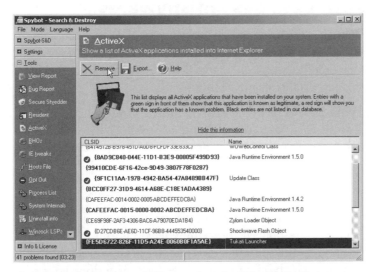

Figure 7.36 : La fonction de destruction de tâche de SpyBot.

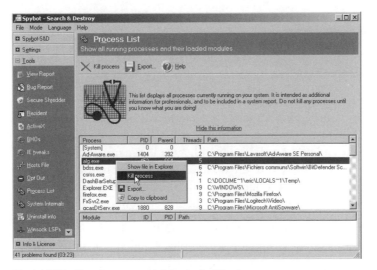

Figure 7.37 : Une instance résidente à détruire.

Quand toutes ces actions (suppression de tâches et nettoyage) sont terminées, redémarrez votre machine et relancez un scan pour rechercher d'éventuels spywares récalcitrants qui se seraient réinstallés.

Les fonctions annexes des antispywares

Nous avons présenté dans les chapitres précédents un ensemble de menaces qui pèsent sur nos PC par l'entremise des espions logiciels. Dans ce chapitre, nous avons vu comment détruire méthodiquement ou manuellement les logiciels malicieux. Cela devrait satisfaire la quasi-totalité de nos besoins.

Mais les spywares, ne l'oublions pas, peuvent aussi prendre la forme de "keyloggers" ou de "troyens". Nous avons aussi brièvement abordé le problème des dialers. Vos antispywares savent vous débarrasser de ces nuisances, aussi ! Voyons comment.

Les antidialers

On appelle "dialer" des programmes dont l'objectif est d'ajouter une nouvelle connexion réseau à distance. Cette nouvelle procédure de connexion installée dans Windows utilise le modem classique (un modem RTC ou téléphonique) de l'ordinateur pour appeler un service téléphonique surtaxé ! Le dialer peut donc vous faire dépenser des sommes astronomiques en unités téléphoniques sans que vous vous en aperceviez.

Il s'agit d'une escroquerie logicielle.

Les dialers se reconnaissent plus ou moins facilement : ce sont souvent des programmes .exe proposés par la voie du téléchargement sur une page Web, mais ce peut être aussi des logiciels auto-installés, par surprise, comme des spywares.

Dans de nombreux cas, le programme dialer (qui est associé à un composeur téléphonique automatique) démarre en même temps que l'ordinateur, établit la liaison automatiquement et reste en ligne, en tâche de fond, aussi longtemps que dure votre session Windows. En France, il est interdit de maintenir une connexion surtaxée pendant plus de quelques minutes, ou quelques heures, mais certains dialers appellent des numéros à l'étranger et peuvent rester des heures en ligne avec eux !

Au final, un dialer peut réussir à vous escroquer des milliers d'euros en quelques jours. Ces communications seront comptabilisées le plus simplement du monde, et sans que vous puissiez vous y opposer, sur votre facture téléphonique !

> Les dialers ne sont pas tous systématiquement employés abusivement. Des dialers
> sont utilisés ou l'ont été, tout à fait légalement, par des exploitants de sites éroti-
> ques ou d'anciens opérateurs dits de "kiosque micro" (un dérivé du Minitel). Ils
> représentent dans ce cas une alternative aux moyens de paiement traditionnels.

Vous n'avez pas besoin de logiciel complémentaire pour éradiquer les troyens, les keyloggers et les dialers. La quasi-totalité des antispywares de bonne qualité (SpyBot, Microsoft AntiSpyware, Ad-Aware) savent aussi détruire ces autres formes d'espions.

Si vous pensez être victime d'un dialer (par exemple votre ligne téléphonique est inactive sans raison apparente, ou votre modem clignote alors que vous n'avez pas demandé de connexion) [voir Figure 7.38], lancez immédiatement un antispyware en mode scanner. Le dialer sera détecté, et vous pourrez l'effacer.

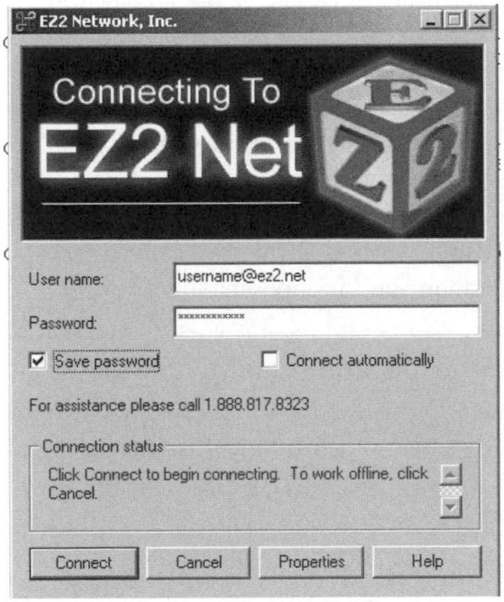

Figure 7.38 : Un dialer installé sur votre machine.

La meilleure protection pour éviter de laisser un dialer se lancer est la suivante :

1. Ouvrez Internet Explorer.

2. Cliquez sur le menu Outils, puis sur Options Internet.

3. Activez l'onglet Connexion.

4. Cochez la case "Ne jamais établir de connexion".

Vous pouvez aussi activer la fonction de protection de "l'accès réseau à distance" de Microsoft AntiSpyware qui bloque l'exécution des dialers instantanément. Cette solution est l'une des plus sûres.

Les dialers sont une forme d'escroquerie en voie de disparition : ils profitaient de la présence d'un modem informatique pour pirater votre ligne téléphonique et vous forcer à payer des communication surtaxées. Outre le fait qu'ils sont sévèrement et efficacement pourchassés par les opérateurs téléphoniques (France Télécom coupe immédiatement toute ligne surtaxée suspecte et inflige des amendes sévères aux sociétés qui l'utilise), ils ne pouvaient exister que dans le cadre d'Internet à bas débit. Vous ne pouvez pas être victime d'un dialer si vous avez l'ADSL et que votre PC n'est pas équipé d'un modem utilisant le réseau téléphonique. Les modems ADSL ne peuvent pas – techniquement – être victimes d'un dialer. La meilleure solution pour éviter tout risque d'infection par dialer est donc d'adopter une liaison ADSL ou câble, ce qu'ont fait à ce jour plus de 50 % des Français.

Par nature, les logiciels espions fonctionnent lorsque votre PC est allumé. Un dialer peut donc se déclencher en votre absence et son activité vous échapper si vous êtes éloigné de votre ordinateur (dans le cas contraire, le bruit caractéristique du modem vous alerterait). Certains vont donc attendre que votre machine soit inactive ou en veille pour s'activer. Ils peuvent aussi désactiver la fonction sonore de votre modem. Pour prévenir ce genre de risque, pensez à éteindre complètement votre PC dès que vous vous en éloignez pendant un long moment.

Les antitroyens

Certains spywares peuvent être accompagnés de troyens, voire être des troyens eux-mêmes qui pillent le contenu de votre machine ou l'utilisent en tant que relais de publipostage sauvage.

Cela dit, ne sombrez pas dans la paranoïa ! Un disque dur qui fonctionne tout seul – comme on l'entend souvent – n'est pas forcément le signe d'une activation de troyen (Windows XP, NT ou 2000 réalisent des tâches automatiques à intervalles réguliers sur le disque dur).

En revanche, le ralentissement de la connexion Internet, ou l'activité de celle-ci en mode expédition sans raison apparente sont souvent le signe d'une infection par troyen.

Pour éradiquer un troyen, procurez-vous un antitroyen ou un antivirus classique. Trojan Hunter (**http://www.trojanhunter.com/**) est l'un des antitroyens les plus connus.

Mais ces logiciels additionnels sont presque inutiles. Les meilleurs antispywares, tels que Microsoft AntiSpyware ou SpyBot (voir Figure 7.39), savent parfaitement supprimer les troyens et les keyloggers les plus répandus.

A priori, vous avez donc peu de raisons d'installer, en plus de votre logiciel antispyware, un antitroyens.

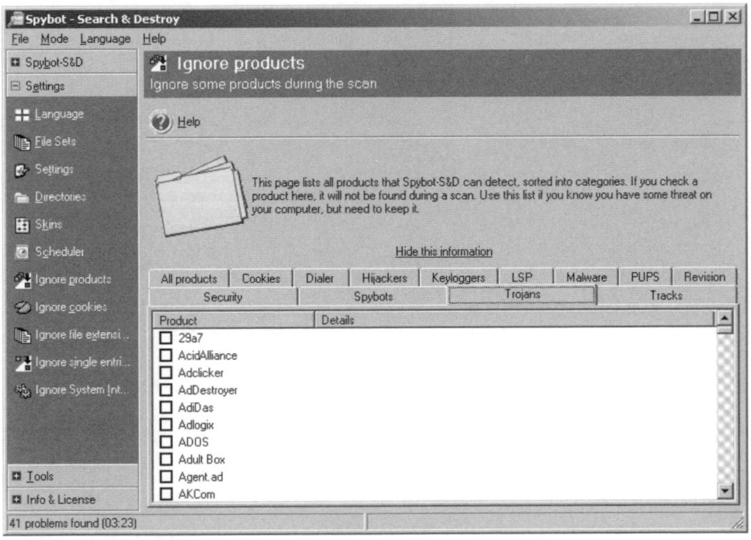

Figure 7.39 : SpyBot est un redoutable antitroyen !

Chapitre 8

Vie privée et antispywares

Les cookies, qui existent depuis plus de dix ans, font partie de la panoplie des agents infectieux : anodins, parce qu'inactifs (il ne s'agit que de petits textes), ils sont pourtant utilisés pour nous pister au-delà du raisonnable, en de multiples circonstances. Panorama de la question !

Tout ce que nous venons d'étudier sur les spywares et les escrocs logiciels en général ne doit pas nous faire oublier qu'il existe depuis bien longtemps des méthodes redoutablement efficaces de "pistage" et d'espionnage des comportements d'utilisateurs : il s'agit des cookies.

Les cookies sont de petits fichiers texte implantés par un site Web sur votre machine pendant la consultation d'une de ses pages. Rien de bien méchant, dit comme ça… N'empêche, la plupart des antispywares en détectent et effacent quelques-uns, ce qui devrait nous alerter sur leur nocivité…

Avant d'en arriver là, essayons de voir concrètement à quoi ressemble un cookie (voir Figure 8.1).

Pour observer le contenu d'un cookie, rien de plus simple : avec votre explorateur, rendez-vous dans le répertoire de votre profil, puis dans le sous-répertoire Cookies (voir Figure 8.2). Exemple :

```
C:\Documents and Settings\eric\Cookies
```

Ce répertoire est rempli de petits fichiers texte qu'il suffit d'éditer pour prendre connaissance de leur contenu. Ce sont les cookies d'Internet Explorer.

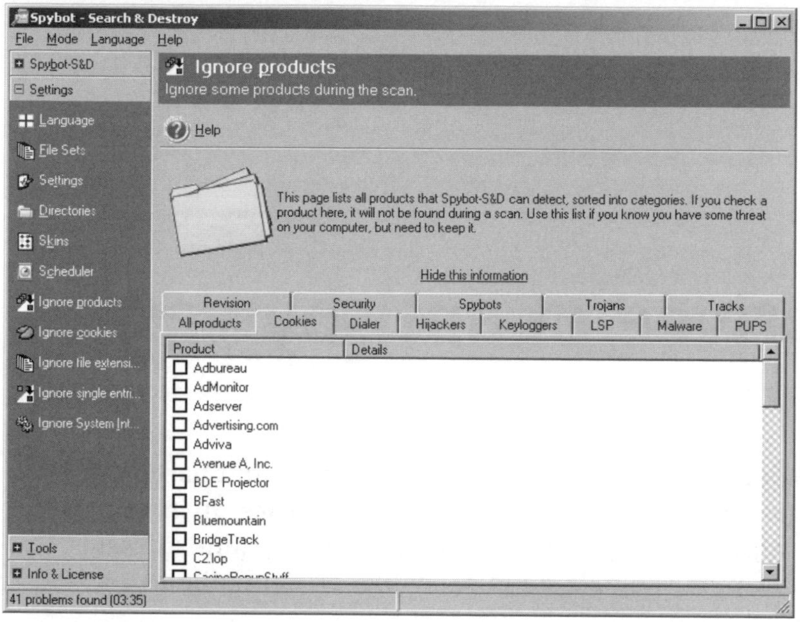

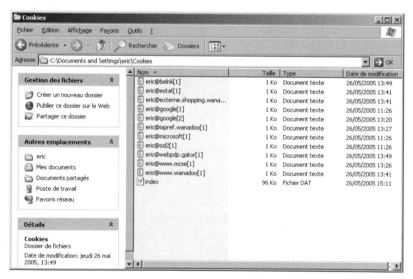

Figure 8.1 : SpyBot et d'autres considèrent les cookies comme des agents infectieux.

Figure 8.2 : Le répertoire contenant les cookies.

Si vous êtes équipé de Firefox, vous pouvez aussi explorer le contenu de vos cookies en utilisant ses fonctions spécialisées :

1. Rendez-vous dans la rubrique Outil, ligne Option, Rubrique Vie Privée.

2. Cliquez sur le bouton Afficher les cookies (voir Figure 8.3).

3. Observez un cookie (voir Figure 8.4).

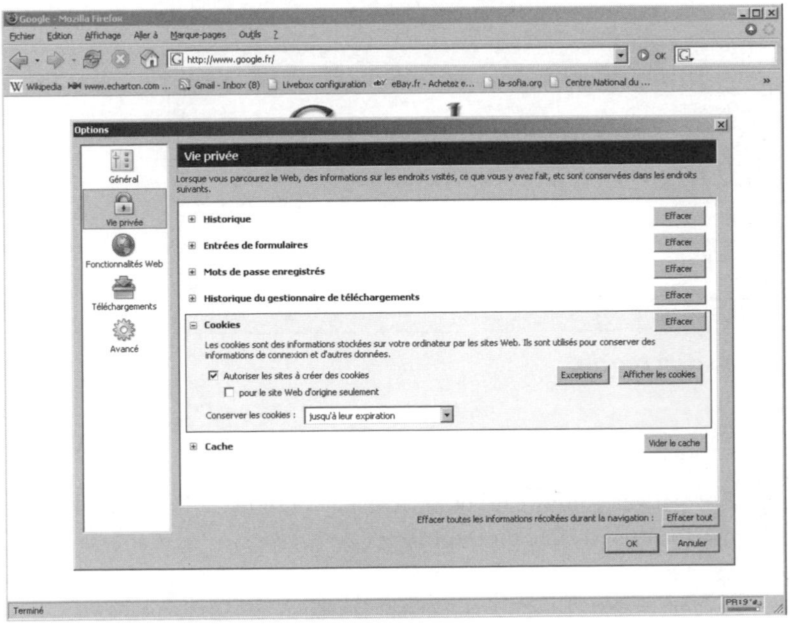

Figure 8.3 : Consulter le contenu des cookies avec Firefox.

Le contenu d'un cookie est parfois anodin, souvent crypté, quelquefois très explicite. Dans l'exemple suivant d'un cookie expédié par la société 24.7 Real Media, dont nous allons reparler, nous lisons :

▼ Nom :RM_CNX
▼ Contenu : 51
▼ Domaine : .247Realmedia.com
▼ Chemin:/
▼ Envoyé par : Tout type de connexion
▼ Expire le : Lundi 30 Octobre 2006 1H00

En apparence, rien de bien méchant ? Détrompez-vous, il y a là de quoi connaître bien des éléments de votre vie et de vos habitudes de consommation.

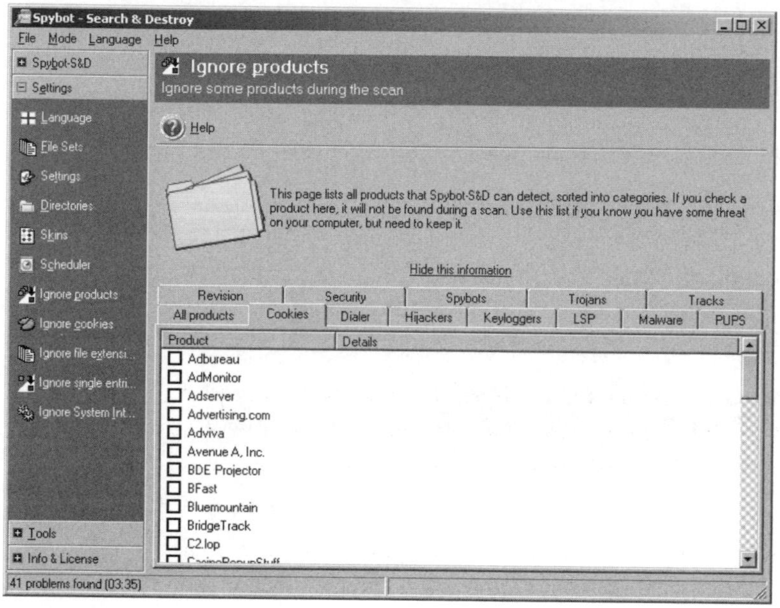

Figure 8.4 : Le contenu d'un cookie.

Continuons notre étude.

D'autres cookies sont parfois moins explicites. Ainsi ce cookie de l'outil de mesure d'audience Audientia (utilisé par de grands groupes de presse sur leurs sites) :

▼ Nom : WSINFOS
▼ Contenu : amarseille-251-1-9-36.w83-113.abo.wanadoo.fr|53710724-3027-1113308491-62882
▼ Hôte : apu03c0.audientia.net
▼ Chemin:/
▼ Envoyé par : Tout type de connexion
▼ Expire le : 10 Juillet 2028 - 1H00

Sa particularité est de comprendre dans sa ligne "Contenu" les références du point d'accès de l'internaute (ici un point d'accès Wanadoo à Marseille), et donc de localiser avec un bon niveau de précision son lieu de résidence ! Rassurez-vous, ce cookie – dans ce cas précis – n'est probablement pas utilisé à des fins intrusives. Mais il pourrait servir, par exemple, à envoyer des publicités commerciales ciblées à tous les habitants, utilisateurs d'Internet, d'une zone géographique très restreinte.

D'autres cookies bien qu'en apparence moins précis sont parfois encore plus intrusifs (voir Figure 8.5) : d'ailleurs, le contenu de ces cookies est codé. Pour cacher quoi ?

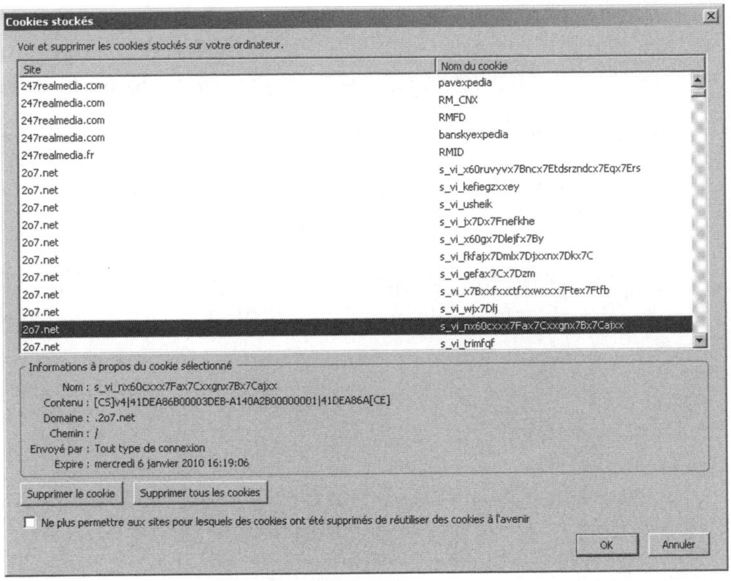

Figure 8.5 : Un cookie à contenu codé.

Passons ! Les cookies sont donc explicites, lisibles, codés, et contiennent les données que leurs propriétaires ont bien voulu y mettre. Ces données peuvent être techniques, géographiques et concerner toute la durée de vie du cookie. Il existe en effet plusieurs catégories de cookies :

- Les cookies permanents : ils restent sur l'ordinateur en permanence (sauf bien sûr après un reformatage !).

- Les cookies à durée limitée : leur durée de vie est prévue à l'avance, dix minutes, une journée, un an, une seconde.

- Les cookies temporaires : ils existent tant que le navigateur est lancé, et sont supprimés dès que vous le fermez. Ces cookies sont les plus loyaux.

Notez que le cookie est dépendant du navigateur. Le site émetteur ne retrouvera pas ses petits gâteaux si vous passez par exemple d'Explorer à Firefox. Ce qui ne change d'ailleurs pas grand-chose.

A la lecture de ces lignes, vous aurez aussi probablement constaté que les cookies permanents et temporaires ne sont plus utilisés : ils sont systématiquement remplacés par des cookies à expiration, mais dont la date limite est fixée dans vingt ou trente ans !

La raison en est simple : seuls les cookies à durée limitée – mais très longue – permettent de contourner toutes les mesures anti "ciblage comportemental". Aucun utilisateur n'accepte plus de cookie permanent (trop intrusif), et le cookie temporaire est perdu après une journée de surf ; il ne permet donc pas de "pister" le propriétaire de l'ordinateur.

Car là est le réel objectif, peu avoué, du cookie : vous examiner, vous ficher, dresser votre portrait... et plus si affinité.

Et rares sont les entreprises qui aujourd'hui décident ouvertement de se contenter de cookies temporaires pour vous aider dans votre navigation. Toshiba, par exemple, prône sur son site l'usage des cookies uniquement dans le respect de la vie privée de ses utilisateurs ; cette entreprise – qui ne ment pas – est malheureusement bien isolée dans sa démarche...

> **DICO**
>
> En informatique, un **cookie** (mot anglais signifiant biscuit) est un petit ensemble d'informations envoyé (sous forme textuelle) par un serveur HTTP à un navigateur Web, qui est ensuite automatiquement renvoyé lors de chaque nouvelle connexion à ce serveur.
>
> Les appellations françaises *témoin* (OLF, 1996) et *témoin de connexion* (avis officiel français, 1999) ont été proposées mais ne sont pas aussi connues que le mot cookie. Le terme *mouchard* est parfois utilisé, avec une connotation négative, en relation avec les controverses en relation avec l'usage des cookies.
>
> *Source : www.wikipedia.fr.*

Le décor est posé : parlons maintenant de l'usage d'un cookie et de ses capacités d'espionnage. Evidemment, on ne peut pas – techniquement – comparer un cookie avec un spyware. Par nature, le cookie n'est qu'un fichier texte, passif, contenant des données ; il peut être effacé aisément à tout instant. Le cookie est pour ainsi dire une trace, un petit mot laissé dans un coin de votre disque dur. Le spyware est autonome, actif, il transmet des données, c'est un véritable espion bien vivant.

D'ailleurs, les cookies sont utilisés chaque jour par des milliers d'entreprises réputées : Amazon, Alapage, le site de la SNCF, ceux de la Communauté Européenne, même, Wanadoo et bien d'autres.

Au début, l'utilisation des cookies a pourtant créé un miniscandale : on s'offusquait de leur existence, et on jasait sur leur contenu. Les éditeurs d'explorateur (Netscape, Mozilla et Microsoft) ont d'ailleurs rapidement implanté dans leurs logiciels des fonctions de blocage ou de suppression des cookies.

Le soufflé médiatique est retombé, et on ne parle presque plus d'eux. C'est un tort !

Car, bien utilisé, un cookie peut produire exactement le même résultat qu'un spyware. La seule différence sera que ce cookie déposé par le site d'une grande entreprise sur votre disque dur ne sera pas actif, comme l'est un spyware. Il se contentera d'être récupéré lorsque l'entreprise le demandera à votre explorateur, *via* un des sites qu'elle contrôle.

Le reste – l'espionnage – est affaire de gros ordinateurs : grâce aux cookies, ils collectent un ensemble d'informations sur vous et vos habitudes d'utilisateur, et les stockent dans une immense base de données.

Au final, même si la démarche est moins "sauvage" que celle du spyware (et théoriquement encadrée par la légalité), le résultat est... exactement le même ! Un individu, une entreprise, peut savoir qui vous êtes, ce que vous aimez, où vous habitez, et quel est votre numéro de carte de crédit !

En 2005, affirmons-le, avec des techniques telles que le "ciblage comportemental", dont nous allons maintenant discuter, les cookies sont devenus l'un des vecteurs d'intrusion dans la vie privée les plus performants... et dont on parle le moins !

Le spyware serait-il un écran de fumée pour cacher la masse d'informations personnelles qui sont collectées par des sociétés privées ? Il semble bien que oui, et c'est ce que nous allons maintenant vous démontrer.

 ASTUCE Pour comprendre le fonctionnement technique des cookies, rendez-vous sur le site de la CNIL (**http://www.cnil.fr/** – rubrique vos traces **http://www.cnil.fr/ index.php?id=19**) qui donne une description et fait une démonstration en ligne de leur fonctionnement.

Le ciblage comportemental

Pour bien saisir l'enjeu, commençons par essayer de comprendre ce que les entreprises de marketing cherchent à savoir par l'entremise de leurs cookies quand ils procèdent à du "ciblage".

Un site Web nous donne cette définition du ciblage comportemental : "*C'est l'art de toucher les bons clients au bon moment, au bon endroit, avec les bons arguments.*"

Le ciblage comportemental permet donc – c'est déjà suspect – de s'adresser précisément à un internaute en fonction de ses centres d'intérêts. Pour cela, les habitudes de navigation de l'internaute sont recueillies, à distance, au moyen de logiciels d'analyse de données très sophistiqués. Ces logiciels s'appuient à la fois sur les cookies pour suivre l'internaute de site en site, et sur les capacités internes des serveurs qui diffusent les sites en question pour observer son comportement.

Car c'est une autre constante du ciblage comportemental : il est exercé par des entreprises spécialisées qui ne fournissent pas uniquement des solutions logicielles à leurs clients, mais cherchent aussi à tracer des internautes sur tous les sites de leurs clients.

Au final, l'entreprise de ciblage n'est pas le site de voyage en ligne, le vendeur d'ordinateurs ou de voitures : c'est un prestataire de services global, externe – qui a parfois vue sur tous ces sites en même temps ! C'est un véritable défi marketing et technologique, car il s'agit en effet de récolter, de trier, d'analyser et d'exploiter un ensemble significatif de données sur les clients-prospects afin de les connaître le mieux possible.

Il faut donc aussi avoir une vue d'ensemble du Web, de ses internautes… et disposer d'une importante capacité de calcul pour organiser et croiser tout cela.

Mais cette forme de ciblage existait déjà avec les questionnaires clients, direz-vous : oui, mais de manière transparente. Le prospect acceptait ou non – en toute conscience – de remplir un formulaire.

Avec les nouveaux outils technologiques, il n'est plus indispensable de demander de manière formelle à un internaute de s'identifier et de répondre à un certain nombre de questions pour enrichir son profil. Il suffit *"d'un peu de bon sens et d'une bonne organisation pour collecter et exploiter de façon efficace toutes ces données"* (propos tenus par un spécialiste du ciblage sur son site).

Grâce au cookie, l'internaute qui a rempli une seule fois un formulaire l'identifiant n'est plus anonyme : sur chaque site qu'il explore, on le reconnaît !

Un exemple concret de ciblage

Evidemment, cette façon de procéder sent le souffre. Il s'agit ici d'identifier un internaute, de savoir s'il achète depuis son domicile ou son lieu de travail, s'il a des enfants, s'il aime une couleur plus qu'une autre, s'il portera son choix sur un produit remisé plutôt qu'un produit cher, etc. La fiche est vraiment détaillée !

Voici un extrait du texte de loi à ce propos (loi n° 78-17 du 6 janvier 1978), disponible sur le site de la CNIL (**www.cnil.fr**) :

```
Constituent un traitement de données à caractère personnel toute opération ou
tout ensemble d'opérations portant sur de telles données, quel que soit le
procédé utilisé, et notamment la collecte, l'enregistrement, l'organisation, la
conservation, l'adaptation ou la modification, l'extraction, la consultation,
l'utilisation, la communication par transmission, diffusion ou toute autre
forme de mise à disposition, le rapprochement ou l'interconnexion, ainsi que le
verrouillage, l'effacement ou la destruction.
```

> Un traitement ne peut porter que sur des données à caractère personnel qui satisfont aux conditions suivantes :
> 1° Les données sont collectées et traitées de manière loyale et licite.
> 2° Elles sont collectées pour des finalités déterminées, explicites et légitimes, et ne sont pas traitées ultérieurement de manière incompatible avec ces finalités. [...]

Ce texte est la clé du problème. Toute interprétation est possible : la vente d'un produit à un utilisateur ciblé est-elle l'occasion d'une collecte de données pour des "finalités déterminées" ? L'espionnage de vos habitudes de surf avec des cookies est-il une méthode de collecte "loyale et licite" ? Assurément, ces méthodes sont hautement immorales, mais pas forcément interdites.

Et les "cibleurs" ne se privent pas de profiter de toutes ces nuances pour interpréter le texte à leur convenance. Mais ils le font en toute discrétion, car si la teneur de leurs fichiers clients était connue du public, cela déclencherait un tollé général.

Les collecteurs de données, les marchands, vont donc adopter plusieurs stratégies :

- S'associer à des régies spécialisées pour diluer la responsabilité : chacun possède un "morceau de donnée" et fait une partie du travail. Le gros site de commerce pourra toujours, s'il est pris la main dans le sac, dire qu'il ne connaissait pas les activités de son partenaire.

- Masquer l'identité de l'internaute ciblé sous un code. Les données ne sont plus nominatives, en tout cas sur le plan légal. Evidemment, il ne faut que quelques lignes de programmation informatique pour mettre un nom sur ce code !

La régie 24.7 Real Media

La régie 24.7 Real Media, par exemple, annonce clairement la couleur de son option de ciblage comportemental sur la fiche descriptive de son offre Insight, d'analyse d'audience (**http://www.247realmedia.fr/products/Insight_ACT_overview_FR/page0001.htm**). Elle indique que son *"logiciel Insight ACT permet aux éditeurs d'augmenter la rentabilité publicitaire* [de leur site] *en analysant leur audience* [...] *et en développant des typologies de ciblage spécifiques"*. De quelle nature sont ces ciblages ? La réponse est donnée plus bas. Cette solution permet d'effectuer les tâches suivantes :

- *"Identifier et cibler les acheteurs potentiels* [...]*"*.

- *"Proposer des offres basées sur l'âge, le revenu, le sexe"*.

- *"Diviser des clients en catégories basées sur l'historique d'achat ou de fidélité"*.

- *"Combiner n'importe lequel de ces objectifs* [...]*"*.

Tout est dit… derrière du jargon très "tendance".

Et qui sont les clients de cette entreprise ? TF1, Le Monde, Le Nouvel Observateur, Les Pages Jaunes, etc.

Ne présumons en rien de l'utilisation qui est faite de ces outils par les clients en question (24.7 Real Media vend de nombreux autres services). Mais quand même, certains des cookies de 24.7 Real Media sont si collants qu'ils ont même été répertoriés dans des listes de fichiers à supprimer (**http://vil.mcafeesecurity.com/vil/content/v_132004.htm**) par l'éditeur de logiciels de sécurité Mc Afee !

La nouvelle version d'Insight, intitulée XE, est encore plus sophistiquée. Cette version n'utilise d'ailleurs plus les cookies, mais des codes JavaScript, histoire de continuer à vous pister lorsque vous aurez désactivé ou supprimé les cookies (voir la fin de ce chapitre).

Les utilisateurs qui veulent connaître les capacités de ce logiciel peuvent visiter la page **http://www.247realmedia.co.uk/products/Insight_XE_overview_UK/index.htm**.

Evidemment, ces prestataires doivent se prémunir contre les éventuelles poursuites des internautes fâchés. Tous les prestataires de ciblage proposent donc une "déclaration de confidentialité" absolument illisible, mais suffisamment explicite devant un tribunal.

La preuve ? Dans sa "déclaration de vie privée", qui est très dense, 24.7 Real Media fait très hypocritement (comme souvent les entreprises de ce type) le constat des possibilités de son outil :

```
Nous ne collectons pas directement (sic) d'informations personnelles
identifiables [c'est-à-dire associées à un profil de client - NDEC] de
type PII.
Par PII, on entend généralement informations […] de type nom, adresse,
téléphone, adresse e-mail. Vous noterez que nous n'avons pas la capacité
d'empêcher nos clients d'utiliser notre technologie pour collecter [ce genre
d'information] sur les utilisateurs de leurs sites. Par exemple, certains de
nos clients pourraient utiliser notre solution technologique en association
avec une solution de commerce électronique […] (http://www.247realmedia.com/
privacy.html)
```

Comme ils le disent : "on ne le fait pas, mais c'est possible, et allez savoir ce que nos clients font" !

Techniquement, comment fonctionne le ciblage comportemental ? Simple : avec des "cookies pisteurs", plus connus sous le nom de "*tracking cookies*".

INFO Sur son site **http://fr.adinfo.yahoo.com/advertises.html**, la société Yahoo! reconnaît explicitement réaliser des ciblages publicitaires d'après le comportement de ses utilisateurs, mais aussi selon leur profil sociodémographique. Sachez-le, dès que vous vous enregistrez sur l'un des services gratuits de Yahoo! (Mon Yahoo!, par exemple), vous êtes tracé par ce moteur : vos surfs favoris, vos préférences sont collectés et centralisés pour dresser votre profil.

Les "tracking cookies"

Les "tracking cookies" ou "cookies pisteurs" ont la particularité d'être diffusés par plusieurs sites Internet en apparence sans rapport. Leur finalité est de répertorier l'ensemble des habitudes de surf d'un internaute.

Une liste de ces cookies est fournie sur le site : **http://www3.ca.com/securityadvisor/ pest/browse.aspx?cat=Tracking%20Cookie**.

Certains de ces cookies sont parfois découverts sans que l'on sache qui en est l'auteur ou l'exploitant ; ainsi, le cookie 2o7 qui a été répertorié dès janvier 2004 et jusqu'en mars 2005 sur le site Internet de Computer Associates :

```
"Au cours des trois derniers mois, nous avons reçu des rapports d'apparition
du cookie 2o7.net dans les pays suivants :
United States, Australia, Austria, Belgium, Brazil, Bulgaria, Canada, China,
Czech Republic, Denmark, Egypt, Estonia, Finland, France, Germany, Greece,
Hong Kong, Hungary, Ireland, Italy, Japan, Lithuania, Mexico, Netherlands, New
Zealand, Norway, Peru, Poland, Portugal, Romania, Russian Federation, Slovakia
(Slovak Republic), Slovenia, South Korea, Spain, Sweden, Switzerland, Taiwan,
Thailand, Turkey, United Arab Emirates, United Kingdom, United States."
Croissance
#   2o7.net : données insuffisantes pour décrire la croissance.
```

Vérification faite, ce cookie est notamment diffusé par le site de paiement par carte de crédit PayPal (**www.paypal.com**), une filiale d'eBay (**www.ebay.com**). PayPal indique d'ailleurs dans ses questions et réponses (**http://www.paypal.com/cgi-bin/ webscr?cmd=_help-ext&eloc=311**) :

```
"Actuellement PayPal utilise les services d'un prestataire pour suivre
les visiteurs de son site Web. Ces données nous permettent d'améliorer
régulièrement les fonctions de notre site et la convivialité de ses fonctions."
```

En apparence, rien de bien méchant. Etrange, quand même, la suite :

```
"Sans le fichiers cookies, les sites que vous fréquentez, comme PayPal, ne
vous reconnaitront pas comme un visiteur enregistré."
```

Faute de cookies, PayPal marchera moins bien. Bizarre, vous avez dit bizarre ? En tout cas, nous retiendrons une fois de plus que le procédé est toujours le même : l'entreprise PayPal n'analyse pas elle-même ses données, elle laisse à un tiers le soin de le faire.

Continuons nos investigations. Car, étrangement, le domaine www.2o7.net ne répond pas lorsque nous le saisissons dans un explorateur.

Nous poursuivons donc nos recherches, et nous apprenons que le domaine 2o7.net appartient en réalité à l'entreprise Omniture (**www.omniture.com**), fournisseur de rapports d'analyse de lectorat pour de très grandes entreprises (Discovery Channel, Sony, Novel, Walmart, MSN, etc.).

Certains utilisateurs d'Internet s'indignent d'ailleurs de cette étrange façon de procéder (lire par exemple l'article sur **http://www.mac-net.com/375489.page**) : donner à un cookie le nom d'un domaine fantôme.

Omniture, le nouveau Big Brother ?

 Car, après tout, si l'entreprise Omniture a pignon sur rue (voir Figure 8.6), et si ses clients sont si prestigieux, pourquoi se dissimuler derrière le domaine "2o7.net" sans site Internet (mais régulièrement déclaré par Omniture dans les bases de données Whois – l'annuaire officiel des détenteurs de noms de domaines) ?

Un embryon de réponse nous est donné sur le site Decideo.fr qui se veut fédérateur de "la communauté francophone des utilisateurs d'informatique décisionnelle". Dans un article décrivant Omniture (**http://www.decideo.fr/index.php?action= article&id_article=120634**), Decideo nous apprend que :

"*Une des vraies nouveautés apportées par le monde de l'Internet aux modes de promotion et de commerce est la notion d'affiliation. L'idée est simple : profiter de la visite d'un internaute sur son site Web pour lui proposer un ensemble de produits et de services correspondant à son profil, et commercialisés par d'autres sociétés.*"

Or, comme par hasard, PayPal est typiquement lié à un ensemble de sites de commerce très différents : en tant qu'outil de paiement, il peut être associé à une multitude d'activités.

Par hasard encore, PayPal recommande expressément à ses partenaires d'utiliser Omniture en tant qu'outil d'analyse du trafic de leur site Internet (**https://www.paypal .com/en_US/pdf/mkt_guide.pdf**).

De là à imaginer qu'Omniture permet à PayPal de pister ses utilisateurs à l'extérieur de son propre site...

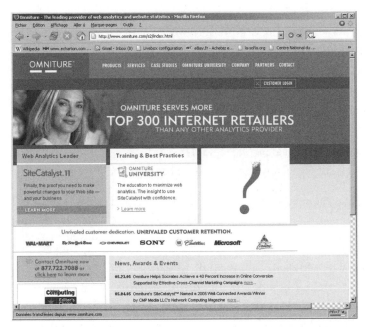

Figure 8.6 : Le site d'Omniture.

D'ailleurs, eBay, propriétaire de PayPal, annonce qu'il utilise lui aussi Omniture pour gérer ses statistiques (**http://pages.ebay.ca/help/stores/using-traffic-reports.html**) :

> "La liste de vos pages les plus populaires [dans les boutiques ebay, NDEC] est créée par ebay et Omniture."

On peut donc se poser cette question : les statistiques réalisées par Omniture pour eBay et pour PayPal, mais aussi pour tous ses autres clients, ne seront-elles jamais croisées ?

L'idée est lancée : si l'on sait ce que vous aimez (en examinant vos habitudes de surf), on peut vous proposer un produit adapté. L'article de Decideo confirme :

"Ainsi, un site Web spécialisé dans l'information météorologique pourrait proposer des voyages en relation avec la destination consultée par l'internaute, ou une connexion vers des sites de vente de vêtements chauds s'il s'intéresse au Canada."

Et l'on voit se profiler à l'horizon une nouvelle activité – discrète – pour Omniture : collecter des informations extrêmement précises sur les internautes, au besoin nominatives, dans le but de créer des profils et de gérer pour le compte de grandes entreprises ces données bien indiscrètes qui brûleraient les mains de ces dernières…

Et ils sont nombreux les sites qui recourent aux services d'Omniture, et qui entourent d'un luxe d'avertissement ce choix. NortelNetworks, par exemple, prend des gants (**http://www.nortelnetworks.com/help/legal/index_fr.html**) :

```
"En tant que visiteur de ce site, il vous est possible d'obtenir plus
d'informations relatives aux politiques de nos prestataires tiers ou de
décider de ne pas bénéficier de leurs services en désactivant leurs cookies.
Il est possible de réaliser cela en rendant visite à leurs sites Web. Le
site Web d'Omniture se trouve à l'adresse http://www.omniture.com/*. Vous
trouverez les informations sur la politique de confidentialité d'Omniture à
l'adresse http://www.omniture.com/policy.html*."
```

Ce n'est pas fini ! On trouve Omniture dans d'autres affaires.

Vous souvenez-vous de l'affaire des captations d'erreurs de saisie d'adresses de sites ? Bref rappel. En 2003, Verisign, opérateur de la plupart des serveurs de DNS de la planète (les ordinateurs qui dirigent vos requêtes HTTP vers des sites réels), décide d'acheminer toute requête erronée sur une page publicitaire (alors que jusqu'alors votre explorateur affichait une page d'erreur). Et qui gère les tracking cookies de cette page d'erreur (plus de 20 millions d'affichages par jour quand même) ? Omniture, une fois de plus ! (**http://www.vulnerabilite.com/actu/20030919162452verisign_wildcard.html**)

Et la quasi-totalité des sites recourant aux services d'Omniture renvoient à sa politique de respect de la vie privée pour informer leurs utilisateurs. Cela laisse une curieuse impression. Omniture conserve-t-elle la totalité des données collectées pour le compte de ses clients ? Rassemble-t-elle toutes ces données dans une seule base ?

Finalement, la réponse va nous être donnée par James Jash (le jeune dirigeant d'Omniture) lui-même, à l'occasion de la présentation de son dernier outil :

"Imaginez un appareil qui pourrait être placé devant un magasin, et qui fournirait au gérant toutes sortes d'informations détaillées sur ses clients : de quels magasins ils viennent, qui leur a suggéré de venir, s'ils étaient déjà venus dans ce magasin précédemment, à quelle publicité précise ils ont été sensibles, et bien plus encore. Imaginez à quel point ce genre d'information serait précieuse pour un responsable marketing ou un commerçant. C'est ce genre d'information que SiteCatalyst [l'outil vendu par Omniture] *peut fournir, instantanément, avec une mise à jour en temps réel."*

 Pour en savoir plus sur les analyses de profils d'internautes, visitez la page **http://www.webanalyticsdemystified.com/link_list.asp**.

La cerise sur le gâteau...

DoubleClick et Omniture ont récemment annoncé... leur partenariat ! Concrètement, DoubleClick cesse ses activités de "tracking" et les confie à Omniture. Intéressant lorsque l'on sait que le système de ciblage de DoubleClick, Dart, est l'un des plus controversés.

Quand un utilisateur individuel visite pour la première fois l'un des 13 000 sites Web qui apposent les bandeaux publicitaires de DoubleClick, cette société lui assigne un numéro unique d'identification qui est mémorisé dans le fichier de cookies sur son ordinateur. DoubleClick enregistre ensuite dans une base de données géante ce numéro unique, auquel sont rattachés le nom du site visité et d'éventuels renseignements personnels que l'internaute aura pu saisir pour passer une commande (nom, adresse, téléphone, carte de paiement, etc.). En 1999, DoubleClick avait racheté Abacus Direct, détenteur d'un fichier nominatif concernant 80 millions d'Américains, et avait été suspectée de vouloir le fusionner avec ses propres données.

Sources : http://www.Internetadsales.com/modules/news/article.php?storyid=4341, http://www.anonymat.org/archives/doubleclick.htm.

Le ciblage comportemental d'Amazon !

INFO

Lorsque vous donnez votre avis sur un livre ou un article proposé sur Amazon.com, ou que vous utilisez les listes des livres favoris qui sont apparues récemment chez ce cybermarchand, ces informations peuvent être collectées et atterrir dans le fichier qu'Amazon possède sur vous ! C'est en tout cas l'une des fonctionnalités clés d'un système inventé par Amazon pour recenser les habitudes de ses clients en matière de cadeaux. Selon ZdNet, "*Breveté [en 2005], il permet d'établir le profil des destinataires des cadeaux et de deviner leur âge, leur date d'anniversaire et leur sexe. L'objectif d'Amazon vise à relancer ses clients pour leur suggérer de futurs articles à offrir ou leur adresser des rappels de dates d'anniversaire, par exemple.* "

Pour en savoir plus, visitez la page
http://www.echarton.com/blog/archives/03-01-2005_03-31-2005.html#299.

Comment se protéger des cookies ?

Vous l'avez compris, les cookies traceurs sont des espions particulièrement bien informés, et nombre d'internautes n'acceptent pas ces méthodes. On les comprend ! Heureusement, il existe des solutions pour rétablir le secret de sa vie de consommateur.

La meilleure solution pour se protéger de ce ciblage est évidemment de supprimer les cookies de vos ordinateurs. De nombreux utilisateurs effacent ces espions, et les entreprises, nous le verrons, cherchent d'ailleurs de nouvelles solutions pour les pister.

Devant les tollés provoqués à intervalles réguliers par ces cookies, il est devenu possible d'utiliser les systèmes "opt-out", des fonctions prévues par les gros diffuseurs de cookies pour vous permettre d'indiquer que vous refusez d'être pisté. Concrètement, il s'agit d'utiliser une fonction qui installe sur votre ordinateur un cookie particulier, reconnu par les serveurs des pisteurs, qui leur indique de ne pas vous observer. Une liste complète des systèmes opt-out (notamment ceux des publicitaires que nous venons de décrire) est disponible sur le site suivant :

http://www.worldprivacyforum.org/cookieoptout.html

Pour sortir du pistage pratiqué par Omniture, par exemple, il vous suffit de vous rendre sur cette page :

http://www.omniture.com/policy.html

Faites défiler l'écran jusqu'en bas (voir Figure 8.7) et cliquez sur "Click here to Optout now". La fenêtre qui s'affiche (voir Figure 8.8) permet d'installer un cookie particulier.

Figure 8.7 :
L'opt-out d'Omniture.

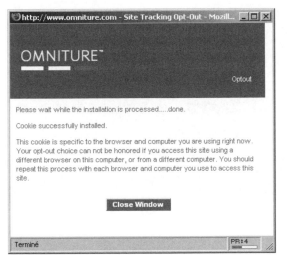

Figure 8.8 : L'installation d'un cookie opt-out.

Cela dit, connaissant la grande duplicité des entreprises de marketing, certains utilisateurs voudront probablement prendre leur destin en main et n'accepteront pas de s'en tenir aux promesses des "opt-out". Ils ont raison, nous leur donnons maintenant des solutions !

Utiliser les antispywares contre les cookies

Tous les antispywares détectent et éradiquent une partie des cookies traceurs. SpyBot, par exemple, les intègre dans sa détection de spywares et vous propose automatiquement d'effacer les plus collants (voir Figure 8.9).

Rien de particulier à faire avec lui : il suffit de valider l'effacement. Même principe pour Ad-Aware et PestPatrol. Pour ce qui concerne Microsoft AntiSpyware, le fonctionnement est identique (voir Figure 8.10), mais ce logiciel ne semble pas détecter aussi systématiquement les cookies traceurs que SpyBot.

Ce logiciel est d'autant plus suspect, disons-le, que Microsoft est aussi acteur de réseaux publicitaires qui utilisent forcément des cookies traceurs. Intérêts divergents pas faciles à faire cohabiter. Notons quand même que ce logiciel permet, dans la section "Advanced Tools", rubrique "Track Eraser", de supprimer un ensemble de traces (URL de navigation, historiques, entre autres), et notamment la totalité des cookies d'Internet Explorer (voir Figure 8.10).

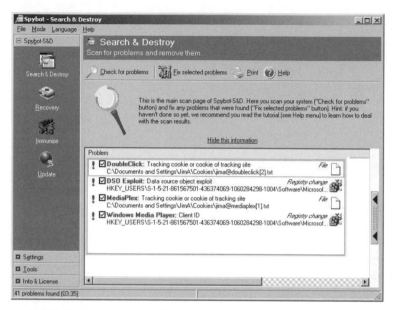

Figure 8.9 : SpyBot et les cookies traceurs.

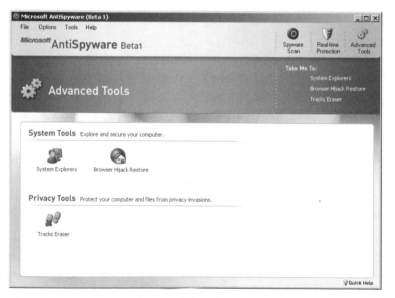

Figure 8.10 : La "gestion de vie privée" de Microsoft AntiSpyware.

Attention à votre explorateur !

Si vous utilisez un explorateur alternatif (Firefox, Opera), n'oubliez pas que ce dernier conserve ses cookies dans un endroit particulier (les cookies ne sont jamais globalisés, mais toujours affectés à un explorateur).

Or, les antispywares du marché ne détectent pas forcément les cookies autres que ceux de l'explorateur le plus répandu, à savoir Microsoft Internet Explorer.

Effacer dans ces conditions les cookies de MSIE, alors que les seuls qui sont vraiment actifs – ceux de Firefox, par exemple – demeureront sur votre PC, est totalement inutile !

Résumons :

- Microsoft AntiSpyware ne détruit que les cookies de MSIE.

- D'après nos essais, SpyBot ne détecte pas non plus les cookies autres que ceux de MSIE (bien qu'il affirme dans sa documentation détecter ceux de Mozilla et de Netscape) : nous avons pu le vérifier, par exemple, sur 2o7.net.

- Même résultat avec Ad-Aware, qui a bien détecté des cookies très ennuyeux (d'origine russe) sous MSIE, mais pas sous Firefox.

En d'autres termes, si vous employez Firefox, ne vous en remettez pas à votre antispyware pour effacer les cookies…

Utiliser les fonctions de votre explorateur

Vous pouvez effacer vous-même vos cookies en utilisant les fonctions de votre explorateur. Chaque explorateur possède en effet une option d'effacement de listage des cookies et de leur contenu, voire leur suppression. Vous pouvez configurer ces outils pour qu'ils rejettent une partie des cookies, au moins :

- **Internet Explorer.** Ouvrez Options Internet… depuis le menu Outils. Choisissez l'onglet Confidentialité, et positionnez les réglages sur Moyen. Ou bien utilisez le bouton Avancé… pour activer Ignorer la gestion automatique des cookies et Refuser les cookies de tierce partie.

- **Firefox.** Ouvrez Options depuis le menu Outils. Cliquez sur l'icône Vie privée, et ouvrez la catégorie Cookies. Sous Autoriser les sites à créer des cookies, cochez l'option Pour le site Web d'origine seulement.

- **Mozilla/Netscape.** Ouvrez Preferences… depuis le menu Edit. Ouvrez la catégorie Privacy & Security et cliquez sur son premier élément, Cookies. Dans le groupe Cookie Acceptance Policy, choisissez Allow Cookies for the Originating Web Site Only.

- **Opera.** Ouvrez Préférences depuis le menu Outils. Cliquez sur Privacy dans la liste de gauche. Ouvrez la liste déroulante sur les Third Party Cookies, à droite, et choisissez Refuse all Cookies.

Pour explorer le contenu des cookies et les effacer sélectivement avec Firefox, déroulez le menu Outils, ligne Options, validez Vie privée et cliquez sur Afficher les cookies (voir Figure 8.11).

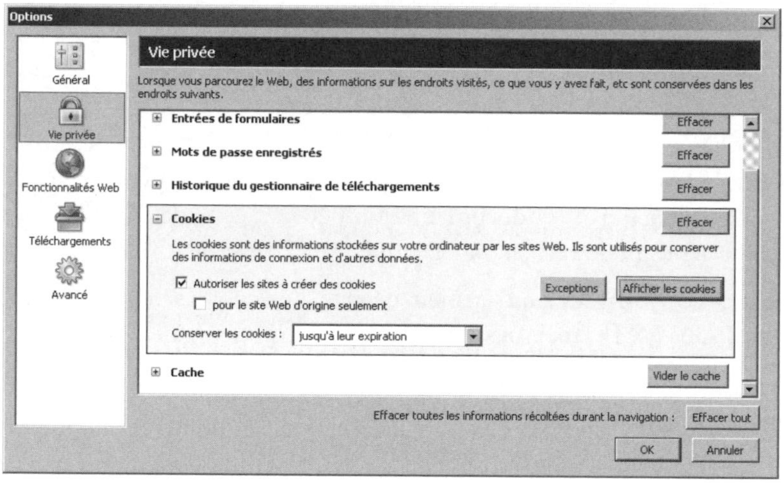

Figure 8.11 : La remarquable fonction de gestion des cookies de Firefox.

Utiliser des logiciels spécialisés contre les cookies

Vous pouvez aussi utiliser un logiciel spécialisé dans la lutte contre les cookies. Nous vous en proposons quelques-uns dans le répertoire Cookie de votre CD-ROM.

Cookie Crusher, par exemple, vous permet de "marquer" certains cookies pour les rejeter systématiquement. Une fonction sélective, mais qui demeure assez proche de celle fournie par les explorateurs.

Cookie Crusher est résident ; il se niche sur la barre de tâches, à côté de la pendule. Pour le configurer, double-cliquez sur son icône. Par défaut, il reconnaît Microsoft Internet Explorer. Pour le configurer avec cet explorateur, activez le logiciel, validez l'option Stored Cookies, cochez Internet Explorer, ainsi que le bouton Detect Path. Ajoutez le chemin détecté. La liste de cookies de MSIE est automatiquement affichée (voir Figure 8.12).

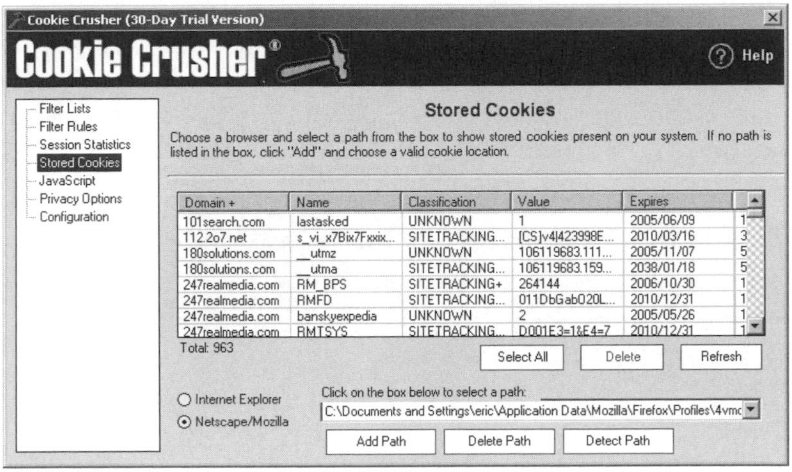

Figure 8.12 : Les cookies de MSI sont détectés.

Cookie Muncher (pour Mac) est un peu plus sophistiqué puisqu'il accepte les cookies pour les détruire quelques dixièmes de seconde plus tard !

> **INFO** Le répertoire de cookies d'Internet Explorer (IE) sous Windows 98/Me est intitulé Cookies dans le dossier Windows. Sous Windows XP, le répertoire Cookies est contenu dans le dossier de l'utilisateur (par exemple C:\Documents and Settings\ eric\Cookies).
>
> Pour Firefox sous Windows XP/2000, le chemin est habituellement %AppData%\ Mozilla\Firefox\Profiles\xxxxxxxx.default\, où *xxxxxxxx* est une chaîne de huit caractères aléatoires. Explorez C:\Documents and Settings\[noms d'utilisateur]\Application Data\Mozilla\Firefox\Profiles\ et le reste suivra. Encore qu'avec certaines configurations et versions de Windows XP, le répertoire %AppData% soit caché (pour le trouver, sélectionnez Démarrer, puis Exécuter, et tapez %appdata% dans le champ) ; le répertoire sera automatiquement affiché. Sous Windows 95/98/Me, le chemin est habituellement C:\WINDOWS\Application Data\Mozilla\Firefox\Profiles\xxxxxxxx.default\.
>
> Attention, les cookies de Firefox ou Mozilla sont contenus dans un fichier cookies.txt, et non dans un répertoire comme ceux de Windows.

La recherche du fichier cookies.txt de Mozilla ou Firefox est plus complexe, surtout sous Windows XP (voir l'encadré, ainsi que la page **http://www.mozilla.org/ support/firefox/edit** pour plus d'informations).

Vous devez d'abord trouver le chemin du répertoire contenant les données de Firefox. Le plus simple est de sélectionner le menu Démarrer, commande Exécuter, puis de saisir %appdata%. Dans la fenêtre qui s'affiche, cliquez sur Mozilla, Firefox, Profile. Dans le répertoire qui s'affiche, cliquez sur le fichier Cookie, déroulez le menu contextuel, copiez le raccourci (voir Figure 8.13), puis ajoutez cookies.txt.

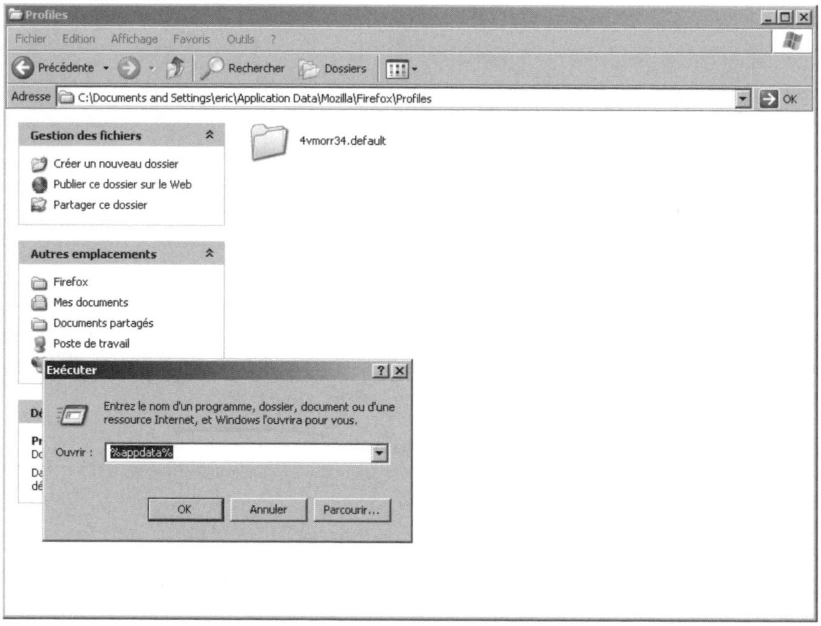

Figure 8.13 : Obtenir le chemin des cookies de Firefox n'est pas chose aisée...

Le chemin devrait donc ressembler à ceci :

```
C:\Documents and Settings\eric\Application
Data\Mozilla\Firefox\Profiles\4vmorr34.default\cookies.txt
```

Indiquez-le dans la boîte de chemin de Cookie Crusher, après avoir activé la case à cocher "Mozilla Netscape".

Gestion des cookies

Avec Cookie Crusher correctement configuré, vous pouvez maintenant agir sur les cookies. Les nouveaux cookies JavaScript sont rejetés automatiquement. Cliquez sur JavaScript pour gérer ces espions particuliers (voir Figure 8.14).

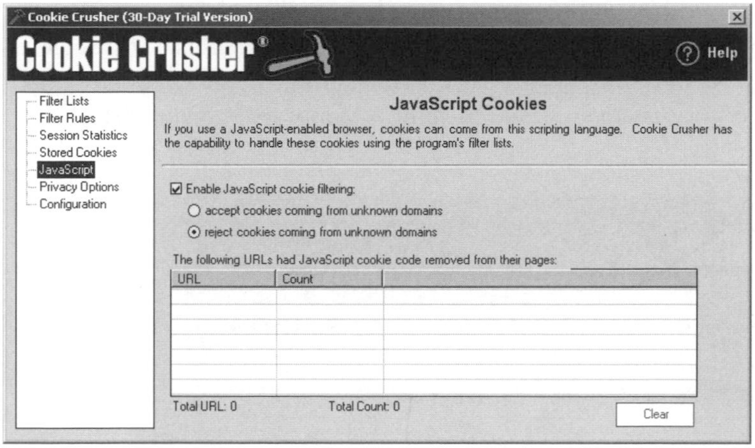

Figure 8.14 : L'exclusion de cookies JavaScript.

Vous pouvez aussi créer des listes d'exclusion : cliquez sur Filter List, sous la fenêtre Reject Cookies from, et entrez un nom de domaine (par exemple "overture.com"). Plus aucun cookie émis par ce site ne pourra s'introduire dans votre machine (voir Figure 8.15).

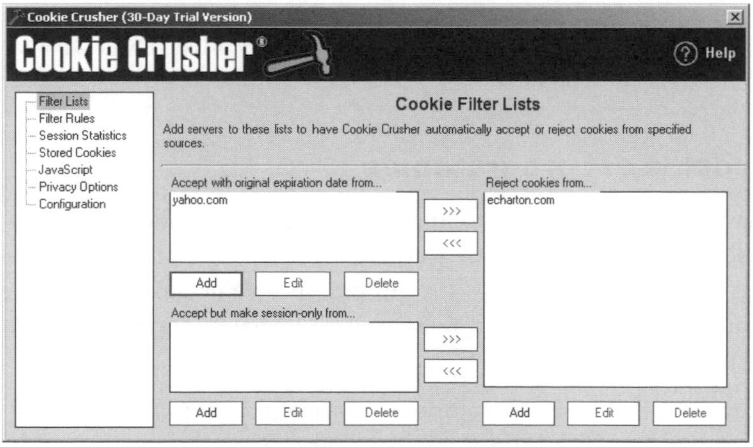

Figure 8.15 : L'exclusion de cookies par domaines.

Les cookies sont aussi catégorisés par Cookie Crusher : publicitaires, suivi, etc. Vous pouvez directement choisir quelle famille de cookies vous souhaitez rejeter en cliquant sur Filter Rules et en validant, par exemple, uniquement les cookies publicitaires (Reject an Advertissement Cookie), comme le montre la Figure 8.16.

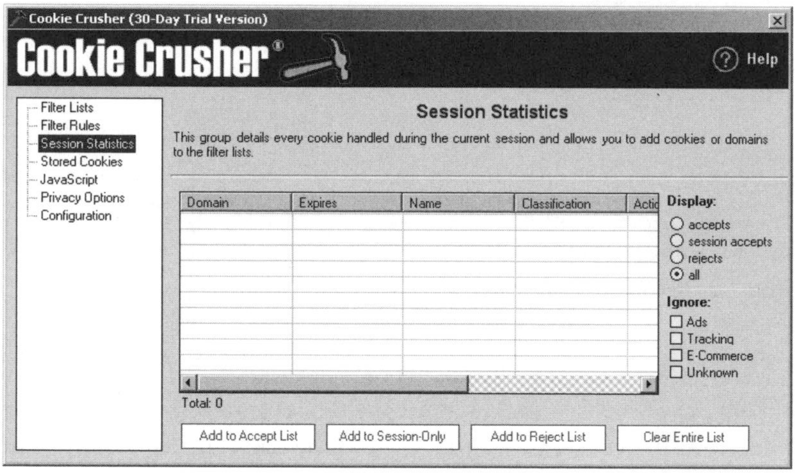

Figure 8.16 : Exclusion de cookies par activités.

En cliquant sur Session Statistics, vous pourrez observer le résultat des actions de Cookie Crusher sur une session de surf.

La mort du cookie est programmée !

Les annonceurs sont confrontés à l'approfondissement de la culture et des technologies Internet par les utilisateurs. On estime que près de 60 % des internautes effacent désormais les cookies de leur disque. Ce qui pose problème aux publicitaires qui s'en servent dans leurs campagnes, tant pour analyser les habitudes de navigation qu'à des fins statistiques ou de services.

Les entreprises cherchent donc d'autres solutions. Ainsi, la société United Virtualities (**http://www.unitedvirtualities.com/**) commercialise un outil chargé de rendre les cookies invisibles aux yeux des outils censés les supprimer ou les interdire.

Elle a développé un système de sauvegarde et de restauration des cookies supprimés ou rejetés. Cette entreprise est une agence de développement de technologies publicitaires en ligne. La société est notamment à l'origine des "shoskele", ces courtes animations intrusives et plus ou moins interactives que l'on croise désormais sur nombre de sites Web pour contourner les outils de blocage de pop-ups.

L'outil qu'elle a conçu, *Persistent Identification Element* (PIE), identifie l'utilisateur en attribuant à son navigateur un numéro de référence unique, exactement comme avec les cookies traditionnels.

Mais PIE s'appuie sur le composant *Local Shared Objects* (LSO) de la technologie Flash, de Macromedia. Les LSO permettent d'enregistrer des informations entre deux visites, de la même manière que le font les cookies, d'où leur surnom de "FlashCookies". Mais, à la différence des cookies, les FlashCookies ne sont pas (encore) reconnus comme tels par les outils de suppression des cookies proposés dans les logiciels antispyware, notamment.

Et les utilisateurs ne connaissent pas encore assez bien ces fichiers d'un nouveau genre pour oser les supprimer manuellement. D'ailleurs, l'enregistrement des Flash-Cookies s'effectue dans un système de profil séparé des cookies.

Il n'en reste pas moins que les PIE posent un nouveau problème d'intrusion de la vie privée puisqu'ils ne laissent plus aux internautes la liberté de stocker, ou non, des éléments d'identification sur leur système. D'autant que Macromedia ne semble pas encourager l'exploitation de sa technologie à des fins de suivi marketing.

L'éditeur diffuse d'ailleurs une page de conseils pour gérer, voire interdire, le stockage des FlashCookies (**http://www.macromedia.com/cfusion/knowledgebase/index .cfm?id=52697ee8**).

Ajoutons que les sociétés de ciblage utilisent maintenant d'autres moyens pour vous pister : les applets JavaScript (24.7 Real Media et Omniture) ou des "marqueurs graphiques de taille nulle" (Omniture). Il est malheureusement très difficile, pour l'instant, de se protéger contre ces pisteurs.

Chapitre 9

Les parasites de la musique !

Votre machine est désormais protégée contre la majorité des intrusions. Il reste maintenant à décrire quelques activités qui risquent de vous poser des difficultés. L'utilisation de logiciels de peer-to-peer en est une.

Le peer-to-peer (utilisation de logiciels de téléchargement en groupe) est l'une des activités les plus problématiques en matière de logiciels espions, voire de virus. On sait aujourd'hui que les clients de téléchargement et d'échange sont pour la plupart d'entre eux des vecteurs de spywares. On sait moins que le simple fait de télécharger une musique ou un film peut aussi favoriser une infection, voire un téléchargement de virus.

Les logiciels de peer-to-peer contiennent des espions !

Car les logiciels d'échange par peer-to-peer sont malheureusement eux aussi des vecteurs importants de propagation des spywares.

L'affaire KaZaA

A l'occasion du procès de KaZaA en Australie, mené par l'industrie du disque pour faire fermer le réseau peer-to-peer, de nombreuses révélations et certains rebondissements ont permis d'établir le lien entre ce logiciel et la diffusion de très nombreux spywares au cours des dernières années. Au point qu'on peut se demander maintenant si KaZaA n'est pas lui-même un énorme spyware !

 Pour en savoir plus sur le procès KaZaA, visitez **http://www.echarton.com/blog/ archives/02-01-2005_02-28-2005.html#258**.

L'un des enjeux du procès de KaZaA a été d'établir la nature exacte des relations existant entre les sociétés Altnet (**http://www.altnet.com/**) et Sharman Networks.

Officiellement, la première, qui fournit le contenu légal payant de KaZaA, n'est en apparence qu'un partenaire de la seconde, l'éditeur du célèbre logiciel de P2P. Or, l'accusation a cherché à prouver que les deux entités n'en forment en réalité qu'une et qu'il y avait probablement entente entre elles pour générer du profit grâce aux actes de piratage.

Dans cette tentative de démonstration, de nombreux documents internes jusque-là confidentiels ont pu être saisis puis mis sous séquestre avant d'être finalement révélés lors du procès.

C'est ainsi que l'on a appris qu'Anthony Rose, le responsable technique d'Altnet, donnait des directives extrêmement précises au développeur estonien de l'interface de KaZaA, Priit Kasesalu. Il a notamment obligé le développeur de KaZaA à implanter dans l'outil de téléchargement un système de notification à plusieurs niveaux qui se comporte comme un véritable spyware.

Pour vendre de la publicité sur KaZaA, Anthony Rose exigeait d'obtenir des informations très précises sur les utilisateurs du réseau, ainsi que leurs habitudes. Il voulait ainsi savoir comment ces derniers réagissaient face aux icônes "Gold" qui proposent le téléchargement de contenus payants.

Concrètement, l'outil créé par Priit Kasesalu renvoyait des informations à Altnet chaque fois qu'une icône Gold était affichée. Même chose lorsqu'une icône était cliquée, ou qu'un contenu était téléchargé, voire joué (de la musique, par exemple).

Priit Kasesalu s'est inquiété des failles de sécurité qu'un tel système pourrait recouvrir. "*Envoyer des statistiques à des serveurs tiers générera des problèmes de sécurité potentiels ; ils pourraient par exemple collecter les adresses IP de tous les clients*", avait-il écrit !

C'était une première démonstration des comportements peu orthodoxes de KaZaA... Ce qui est décrit ici est purement et simplement un espionnage de vos habitudes, une observation méthodique de vos comportements d'internaute : en un mot, KaZaA lui-même est un énorme spyware ! Et contre cela, aucun logiciel antispyware ne peut rien.

Son éditeur s'est empressé de relativiser.

> **INFO** Dans une note interne, le responsable des technologies de Sharman Networks, éditeur de KaZaA, s'exprimait ainsi : "*Vous devez être alerté par le fait que de nombreuses personnes qui travaillent pour Sharman Networks ou ses partenaires refusent d'installer KaZaA sur leurs machines*", tant les adwares installés avec lui ralentissaient ou perturbaient leurs ordinateurs !
>
> Source : *http://www.zdnet.com.au/news/business/0,39023166,39179933,00.htm*.

Sharman Networks affirme désormais dans sa page "Respect de la vie privée" (**http://www.kazaa.com/us/privacy/nospyware_policy.htm**) ne jamais avoir accompagné son programme de spyware. Mais dans une autre page (**http://www.kazaa.com/us/privacy/spyware.htm**), l'éditeur indique : "*Oui, KaZaA contient des logiciels d'affichage de bannières publicitaires et installe d'autres applications pour conserver sa gratuité.*"

En fait, non content d'espionner ses utilisateurs, Sharman Networks a aussi – c'est le pompon – accompagné son logiciel de très nombreux spywares, souvent installés de force sur leurs ordinateurs ! Avec ses 214 millions de téléchargements, KaZaA serait ainsi l'un des principaux propagateurs de spywares.

Computer Associates n'hésite d'ailleurs pas à qualifier le logiciel de Sharman Network de "caillot", car il contiendrait des spywares qui ralentissent les machines. Il est aussi établi que KaZaA provoque la création de nombreuses entrées dans le registre de Windows et crée divers répertoires inutiles.

Computer Associates précise aussi que les autres logiciels peer-to-peer, tels que Bearshare, Blubster, eMule, Gnucleus, Grokster, iMesh, Limewire, Morpheus, Shareaza, WinMX et Xolox, peuvent également contenir (dans une moindre mesure) des spywares et des adwares.

Le vent souffle. Et d'ailleurs, il suffit de consulter cette page de Sharman Networks pour avoir le fin mot :

http://www.kazaa.com/us/products/downloadKMD.htm

On y apprend – benoîtement – que, décidément non, KaZaA n'installe aucun spyware (voir Figure 9.1), mais que, quand même, il met en place :

- TopSearch, d'Altnet.

- Altnet Peer Points Manager, qui inclut les outils My Search Tool Bar, Joltid P2P Networking et Altnet Peer Points Components.

- BullGuard P2P, une protection antivirus.

- Un logiciel publicitaire de Cydoor et GAIN Network.

- InstaFinder, un outil pour "fournir des résultats de recherche alternatifs à votre explorateur".

- RX Toolbar, une barre de recherche "alternative".

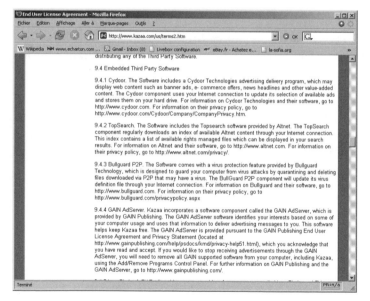

Figure 9.1 : KaZaA : pas de spywares chez nous !

Puisqu'on est honnête, qu'on affiche ce qu'on installe, il ne peut s'agir de spywares ? Tout en fait réside dans la définition que l'on accorde à ce terme…

En effet, pour ce qui est de Cydoor et GAIN au moins, il s'agit de programmes conçus pour afficher des pop-up publicitaires en fonction des habitudes de navigation de l'utilisateur. Et ces programmes ne sont pas optionnels ! TopSearch et InstaFinder ou encore RX Toolbar ne sont guère mieux.

En réalité, la plupart d'entre eux sont répertoriés parmi les pires adwares ou spywares :

- **GAIN** – qui est censé s'installer avec l'accord de l'utilisateur – est l'un des plus sauvages qui soient. Il est intrusif au possible et très difficile à désinstaller (**http://www3.ca.com/securityadvisor/pest/pest.aspx?id=453088629**), n'hésitant pas à créer des profils sur les habitudes des internautes. Il affiche par ailleurs de nombreux pop-ups.

- **Cydoor** est considéré depuis toujours comme un spyware dur (**http://www3.ca .com/securityadvisor/pest/pest.aspx?id=1472**) malgré les tentatives de son concepteur pour faire croire le contraire. Il affiche des pop-ups et est installé de manière cachée, presque toujours à l'insu de l'utilisateur !

Benjamin Edelman (**http://www.benedelman.org/**), l'un des experts les plus connus en matière de spyware, qui a mené de nombreuses investigations sur le sujet, s'est penché sur KaZaA et ses compagnons. Ses conclusions sont sans appel :

" Tout est fait pour que les licences d'utilisation des « programmes additionnels obligatoires » soient illisibles, et surtout pour que l'utilisateur ne comprenne pas les conséquences d'une installation de KaZaA."

Gardez toujours cela à l'esprit : en matière de spywares et de logiciels intrusifs, le mensonge est toujours l'arme des propagateurs. Et on l'a vu au procès de Sharman Networks, KaZaA n'en est pas à une dissimulation près...

> **INFO** La page **http://www.ratiatum.com/news2088.html** fournit une étude très poussée sur les logiciels de peer-to-peer et les spywares qu'ils contiennent. L'analyse originale de Benjamin Edelman peut être consultée sur la page **http://www.benedelman.org/spyware/p2p/**.

Comment utiliser le peer-to-peer sans être envahi par les spywares ?

Donc, tous les clients peer-to-peer, ou presque, sont infectés par des spywares (voir Figure 9.2). Celui de KaZaA est un énorme spyware. Pas la peine de tergiverser, c'est une réalité. Comment se protéger ? D'abord en n'utilisant jamais KaZaA. Si ce logiciel est installé sur votre machine, désactivez-le dans les plus brefs délais. De toute façon, c'est celui qui est le plus pisté par l'industrie du disque pour construire des listes d'internautes en vue de faire des procès, alors...

Ensuite, pour savoir si l'un des clients peer-to-peer que vous envisagez d'installer contient des spywares, visitez la page **http://www3.ca.com/securityadvisor/pest/browse.aspx?cat=P2P**.

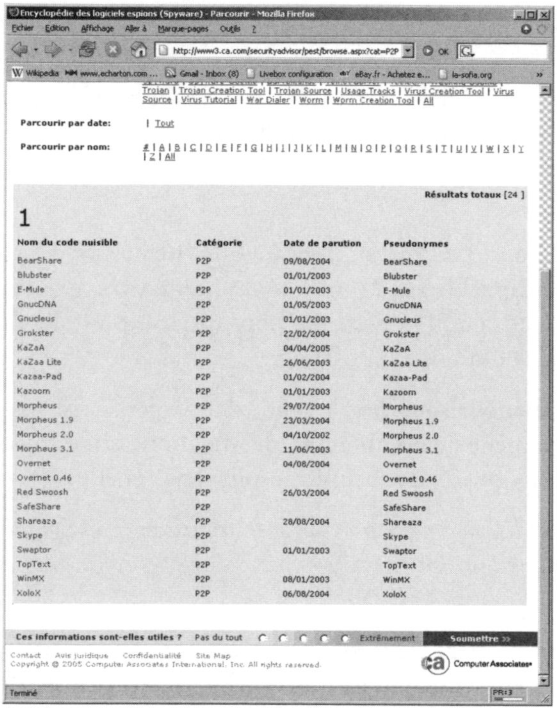

Figure 9.2 : La liste des clients P2P infectés par Computer Associates.

On y apprend, par exemple, que KaZaA est crédité d'un facteur de risque d'infection de 47, contre 7 pour Overnet et seulement 2 pour Morpheus.

Finalement, partez du principe que tout client peer-to-peer est à un moment ou un autre infecté par un spyware. Pour limiter les dégâts, suivez ces conseils :

- Ne téléchargez votre client peer-to-peer que depuis son site officiel (on a vu de nombreux "faux KaZaA" surinfectés !).

- Observez bien les menus lors de l'installation, et décochez les cases concernant l'implantation des logiciels additionnels non obligatoires.

- Utilisez une protection antispyware active (celle de Microsoft AntiSpyware) pendant l'installation.

- Lancez un scan de votre machine après l'installation et effacez les spywares installés.

- Supprimez la mise en quarantaine des logiciels de peer-to-peer éventuellement réalisée par votre antispyware (voir Figure 9.3).

Ainsi, vous devriez pouvoir utiliser votre client peer-to-peer dans de relativement bonnes conditions. Mais évidemment, le risque d'infection n'est pas éliminé. Il peut maintenant provenir des fichiers téléchargés !

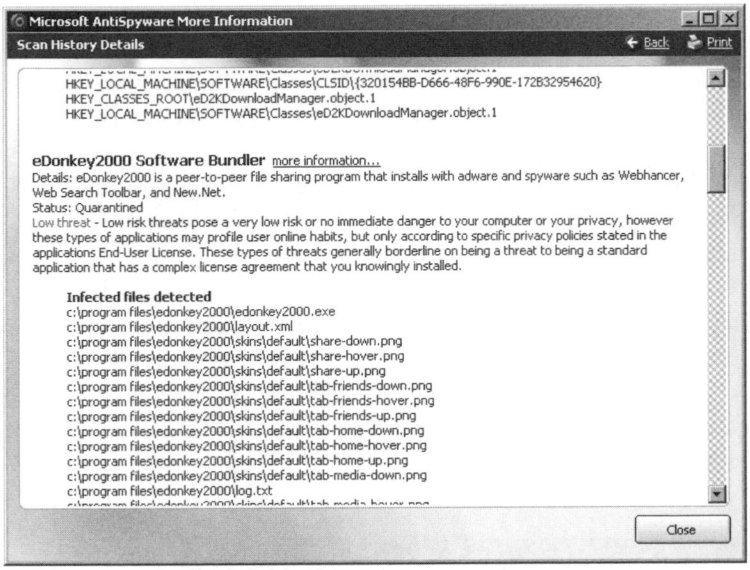

Figure 9.3 : Attention : les antispywares mettent les programmes de peer-to-peer en quarantaine.

L'infection des fichiers sur les réseaux peer-to-peer

En dehors de l'installation d'un spyware contenu dans le logiciel de peer-to-peer lui-même, vous devez aussi savoir, si vous êtes un adepte du MP3, du DivX et du téléchargement sur les réseaux d'échange, que de très nombreux fichiers multimédias "chargés" de spywares circulent par leur entremise.

Ils ont été diffusés par des entreprises (ou leurs collaborateurs indépendants) peu scrupuleuses qui utilisent commercialement les spywares ou les adwares. Ils peuvent également être diffusés par des sociétés souhaitant empêcher l'utilisation du peer-to-peer.

Après tout, peut-on trouver meilleur vecteur que le dernier morceau de musique à la mode pour faire circuler et installer sauvagement sur les PC des utilisateurs un spyware ?

L'infection "institutionnelle"

Des fichiers WMA corrompus ont également été largement diffusés par des spécialistes de la déstabilisation des réseaux peer-to-peer, mandatés par les industriels du disque ou des médias : eh oui, ça aussi, ça existe ! C'est ce que l'on appelle le "spoofing multimédia".

 Pour plus de précisions, voyez l'article sur le blog de l'auteur : **http://www.echarton .com/blog/archives/01-01-2005_01-31-2005.html#65 sur Restpan et Overpeer**.

La société Overpeer (**http://www.overpeer.com/**), par exemple, était jusqu'à présent spécialisée dans le spoofing des réseaux P2P, de même que l'association Restpan (**http://www.peerfactor.info/**). Le spoofing est une méthode qui consiste à diffuser de faux fichiers (*fake*) de musique sur les réseaux pour en rendre plus difficile le piratage. A intervalles réguliers la presse se fait l'écho des dernières créations d'Overpeer, au concept "novateur" : la diffusion de fichiers sonores WMA contaminés. Lorsque vous les ouvrez, ils activent de multiples pop-up, installent des adwares et tentent de modifier la page d'accueil de votre explorateur. La Figure 9.4 donne un aperçu assez effrayant du résultat produit par l'écoute d'un fichier musical piégé…

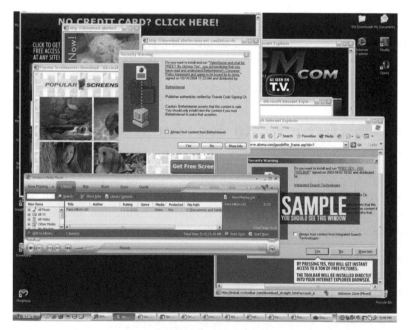

Figure 9.4 : Le résultat d'un chargement de fichiers piégés par Overpeer.

Comment procèdent ces entreprises qui ont pignon sur rue ? Elles utilisent des failles de sécurité, comme de vulgaires pirates ! Le dernier "envoi" de fichiers d'Overpeer sur les réseaux était, par exemple, composé de séquences WMA (de Paris Hilton, selon PC World) ; ils exploitaient une faille liée au DRM de Microsoft, permettant de lancer sur l'ordinateur de la victime un code malicieux.

Ajoutons, d'ailleurs, que Microsoft a modérément apprécié l'utilisation de cette faille (qui met en cause sa stratégie de sécurité) à des fins de pollution.

Un procédé inquiétant...

Evidemment, certains chroniqueurs admettent avec beaucoup de tolérance qu'après tout si les utilisateurs de réseaux peer-to-peer sont dans l'illégalité, il est de bonne guerre de la part des industriels – et de leurs mandants (*overpeer*) – de tenter de déstabiliser ce réseau. La chose est très discutable :

• Cette méthode est ni plus ni moins du piratage, une intrusion sur un ordinateur en contournant les dispositifs de protection. En France et en Europe, cette méthode est illégale et pourrait valoir à Overpeer et ses clients des poursuites (voir Annexe C).

• L'usage de ce genre de procédé permet à des individus malintentionnés de réutiliser la technique de piratage dont elle assure la promotion.

• Nul ne sait si les adwares et les spywares ainsi installés ne contiennent pas (ce qui est très probable) de vrais mouchards. Ils pourraient ainsi fournir à Overpeer les coordonnées précises d'un utilisateur du réseau.

INFO Pour qui travaillent Overpeer ou Retspan ? Difficile à dire avec précision. De gros industriels du disque et de l'image, très probablement, selon un certain nombre de journalistes ayant travaillé sur le Midem, à Cannes. On peut par ailleurs identifier les commanditaires d'Overpeer en examinant les types de fichiers multimédias que l'entreprise diffuse. Le site Zeropaid (**http://www.zeropaid.com/news/articles/auto/01272003f.php**) donne un certain nombre de noms de commanditaires possibles d'Overpeer (à ce jour, ces informations n'ont apparemment pas fait l'objet de démenti). Sans donner de nom, Overpeer affirme sur son site (**http://www.overpeer.com/news.asp**) que "*l'entreprise travaille avec les principaux éditeurs de disques, les studios de production cinématographique, les chaînes de télévision, les éditeurs de jeux et les entreprises du logiciel*".

Sur le site de Ratiatum (**http://www.ratiatum.com/p2p.php?article=656&affcomm=1**), ce sont les noms de quelques-uns des clients probables de Retspan qui sont dévoilés.

Et encore une fois, on constate que des multinationales sont impliquées dans des actions liées à de la diffusion de spywares.

Comment procède l'infection par WMA ?

L'infection par WMA de la société Overpeer (utilisée aussi par des diffuseurs de spywares, nous allons le voir), est réalisée au travers d'une faille de sécurité du système de gestion des droits numériques de Windows Media. Selon Microsoft, cette faille permet l'ouverture d'une fenêtre d'Internet Explorer qui peut, par exemple, être utilisée par une entreprise pour afficher des informations relatives aux fichiers chargés.

Malheureusement, cette fonction permet aussi d'ouvrir une fenêtre de type pop-up qui tente d'installer secrètement une application indiscrète.

La société Panda a aussi décrit sur son site l'un des "troyens" qui utilisent cette faille (**http://www.pandasoftware.com/virus_info/encyclopedia/overview.aspx?IdVirus =57265&sind=0**).

Ce troyen répond au nom de WmvDown.A. Contenu dans un fichier WMA à licence, il tente en réalité de se connecter à une URL du domaine serve.alcena.com et télécharge des logiciels malicieux sur l'ordinateur :

- d'autres troyens, tel Downloader.GK ;

- des spywares : AdClicker, BetterInet, ISTbar, Dluca, etc. ;

- des adwares : Funweb, MydailyHoroscope, MyWay, MyWebSearch, Nsupdate, PowerScan, Twain-Tech, Sidefind, etc. ;

- des dialers : Dialer.NO, Dialer.YC, etc.

Contre-mesure anti-infection WMA

Ce problème ne touche pas les systèmes équipés de Windows XP SP2 et Windows Media Player 10. Il utilise une faille de sécurité d'anciens lecteurs multimédias de Microsoft. Si vous maintenez à jour votre lecteur multimédia et votre système d'exploitation, comme indiqué au Chapitre 10, vous ne courez que peu de risque.

L'utilisation d'un lecteur multimédia alternatif, tel celui de Nero (voir Figure 9.5), supprime la quasi-totalité des risques d'infection par fichiers multimédias.

Notez que les lecteurs multimédias sous toutes leurs formes, ainsi que les fichiers sonores ou vidéo, sont tous susceptibles à un moment ou un autre d'être des vecteurs de ce genre d'infection. Pensez donc à les mettre régulièrement à jour pour diminuer les risques.

Figure 9.5 : Le lecteur multimédia de Nero supprime bon nombre de risques d'infection.

INFO   En 2002, on s'est aperçu que le logiciel Winamp présentait une faille permettant d'infecter des fichiers MP3. Le trou de sécurité du lecteur Winamp 2.79 se situe au niveau de la gestion des balises (*tags*) ID3v2, présentes dans certains fichiers MP3 pour fournir des informations sur le nom de l'artiste, l'album et le style de musique.

Un pirate peut exploiter la faille en créant un fichier MP3 avec une balise spécifique, piégée, qui entraînerait un dépassement de la mémoire tampon (*buffer overflow*) dans l'application. Le buffer overflow est l'une des tactiques les plus utilisées pour installer un virus ou lancer un code malicieux sur un ordinateur.

Nullsoft, le créateur de Winamp, a confirmé cette faille, qui a été corrigée. Cette faille ne touche plus Winamp à partir de la version 2.8, mais la version 2.79 et sans doute d'autres plus anciennes peuvent être vulnérables.

Source : http://news.com.com/2100-1023-895429.html.

Les virus sur les réseaux peer-to-peer

Les réseaux peer-to-peer sont aussi victimes de virus. On peut citer, par exemple, Nopir-B, un ver apparu récemment, conçu par un développeur français (suspecté – lui aussi – d'être au service d'entreprises du média voulant punir les utilisateurs de réseaux peer-to-peer).

Ce virus est véhiculé par une version piratée d'un célèbre logiciel de copie de DVD (anyDVD). Une fois ce programme exécuté, le virus est installé et parcourt vos disques durs afin d'en effacer les fichiers MP3.

Lorsqu'il est exécuté, Nopir-B affiche à l'écran une image contenant un message contre le piratage informatique (voir Figure 9.6). Ensuite il efface les fichiers avec les extensions .com et .mp3 de l'ensemble des disques durs de l'ordinateur. Le problème pour les victimes est qu'il ne fait pas de différence entre les fichiers MP3 piratés ou non !

Figure 9.6 :
Nopir-B.

Il n'y a pas grand-chose à craindre de Nopir. C'est un virus générique (pas de création de la part de son auteur, qui s'est contenté de modifier un source), peu diffusé et reconnu par la plupart des logiciels antivirus (Mc Afee l'avait inclus dans ses bases de données depuis plus d'un an) !

En revanche, d'autres logiciels téléchargés sur les réseaux peer-to-peer peuvent contenir virtuellement la quasi-totalité des virus informatiques les plus virulents.

Comment protéger les réseaux peer-to-peer de l'infection ?

Aucun logiciel antispyware n'est capable à l'heure actuelle d'identifier un fichier MP3 ou WMA, voire un exécutable, contenant des spywares pendant son téléchargement. Même constat avec les antivirus qui ne peuvent détecter les virus qu'une fois arrivés sur le disque.

Les antivirus savent en revanche détecter ce type de contenu vérolé *a posteriori*, c'est-à-dire lorsque le fichier est physiquement sur votre machine, et encore, pas toujours très efficacement (nous le verrons au Chapitre 10).

Ils peuvent détecter des virus dans des séquences sonores (MP3, WMA) et aussi dans des e-mails ou des images (JPEG, par exemple), ou encore dans des exécutables masqués (lire l'encadré Attention).

ATTENTION Attention aux faux noms de fichiers : sous Windows, c'est l'extension qui décrit le contenu d'un fichier. L'extension est constituée de trois lettres qui suivent le "point" après le nom du fichier. Un fichier programme.exe est un programme, un fichier image. jpg est une image au format JPEG. Vous observerez aussi parfois des fichiers dont le nom est Track03.WMA.exe ou Hits 2000 – Track04.mp3.exe. Ces noms cherchent à vous induire en erreur (le premier serait un fichier WMA, le second une séquence MP3), c'est bien de programmes qu'il s'agit (leur extension est .exe). Résultat, si vous double-cliquez sur ces fichiers pour provoquer leur lecture, ce n'est pas le client multimédia qu'ils activent, mais bien une exécution qui provoque une infection. De très nombreux fichiers tels que ceux-ci circulent sur les réseaux peer-to-peer, sous forme de vers.

Utiliser l'antivirus BitDefender

Mais vous n'aurez probablement pas envie de passer un antivirus sur votre disque à chaque téléchargement ! L'une des solutions pourrait être de passer tous les fichiers du répertoire de téléchargement de votre client peer-to-peer au travers des filtres de votre antivirus, avant de jouir de leur contenu.

Vous utiliserez pour cela le logiciel BitDefender, présent sur votre CD, dans le répertoire Virus :

1. Activez BitDefender (voir Figure 9.7).

2. Cliquez sur AdFolder.

3. Explorez le disque à la recherche du répertoire contenant vos fichiers téléchargés (voir Figure 9.8). Il fait partie de vos listes de mémoire de masse (voir Figure 9.9).

4. Cliquez sur Scan.

   Le logiciel BitDefender vous fournit un rapport de scan détaillé uniquement sur les fichiers contenus dans ce répertoire. C'est rapide et efficace (voir Figure 9.10) !

Nous le présenterons plus en détail au Chapitre 10.

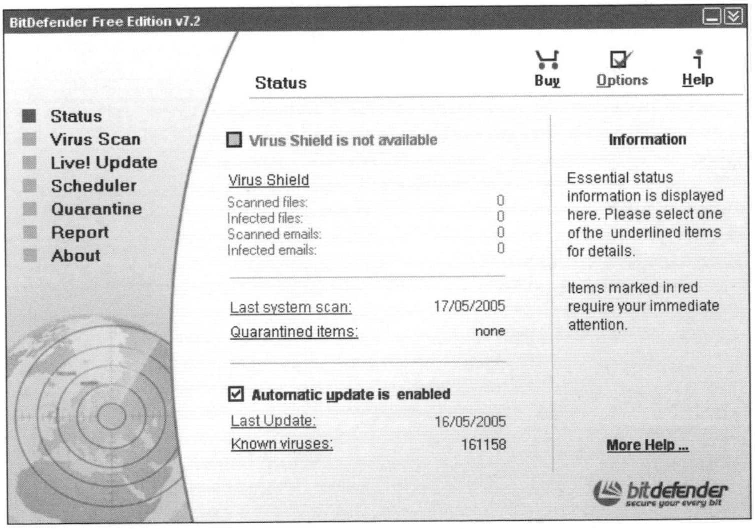

Figure 9.7 : Activez BitDefender.

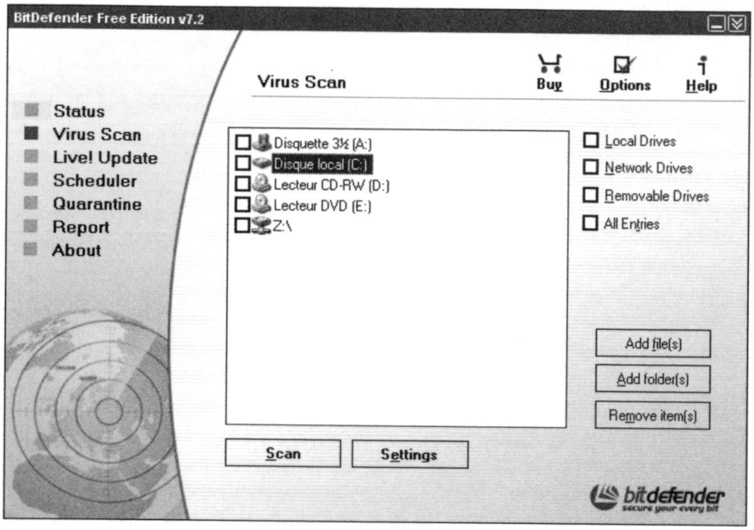

Figure 9.8 : Pointez un répertoire à analyser.

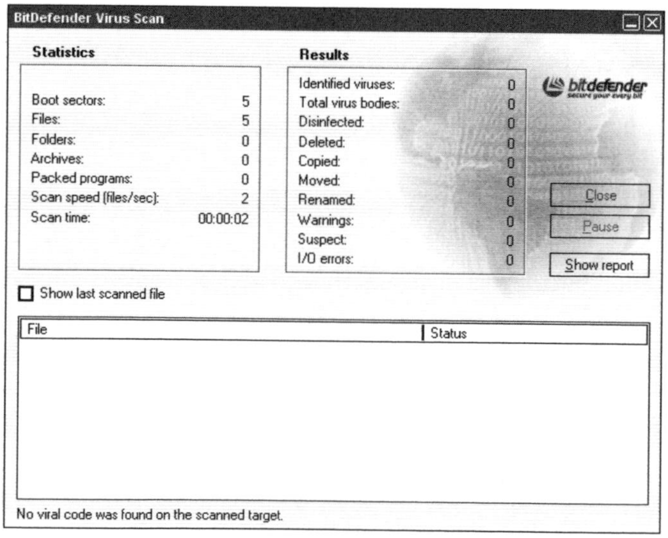

Figure 9.9 : Lancez le scan.

```
vscan - Bloc-notes                                    _ |□| x|
Fichier  Édition  Format  Affichage  ?

//-------------------------------------------------------------
//
//       BitDefender report file
//
//       Created on:      26/05/2005      17:10:44
//
//-------------------------------------------------------------

Statistics

Scan path        : Folders        : 0
Files    : 5
Archives         : 0
Packed files     : 0
Identified viruses      : 0
Infected files   : 0
Warnings         : 0
Suspect files    : 0
Disinfected files       : 0
Deleted files    : 0
Copied files     : 0
Moved files      : 0
Renamed files    : 0
I/O errors       : 0
Scan time        : 00:00:02
Scan speed (files/sec)  : 2

Virus definitions       : 161158
Scan plugins     : 13
Archive plugins  : 39
Unpack plugins   : 4
Mail plugins     : 6
System plugins   : 1

Scan options

Detection
[X]  Scan boot sectors
[X]  Scan archives
[X]  Scan packed files
[X]  Scan email
```

Figure 9.10 : Le résultat du scan.

Limiter les risques d'intrusion

Vous le voyez, de nombreuses infections peuvent provenir des réseaux peer-to-peer. Vous pouvez limiter considérablement les risques d'intrusions en suivant les recommandations qui suivent.

Utilisez toujours la dernière version disponible de votre client multimédia (Nero, Winamp, Windows Media Player), en visitant la page de téléchargement et de mise à jour de son fournisseur.

Modifiez la configuration de Windows Media Player pour qu'il vous fournisse le plus d'alertes possible : dans le cas de l'infection WMA, par exemple, certaines fenêtres peuvent être affichées pour vous demander une confirmation :

1. Déroulez le menu Options.

2. Dans l'onglet Sécurité, assurez-vous que les options de confirmation sont toutes activées, comme le montre la Figure 9.11. (Dans le cas de Windows Media, toutes les cases décochées correspondent à la sécurité maximale.)

3. Refusez l'exécution de scripts, et ne confirmez pas quand une fenêtre pop-up s'affiche.

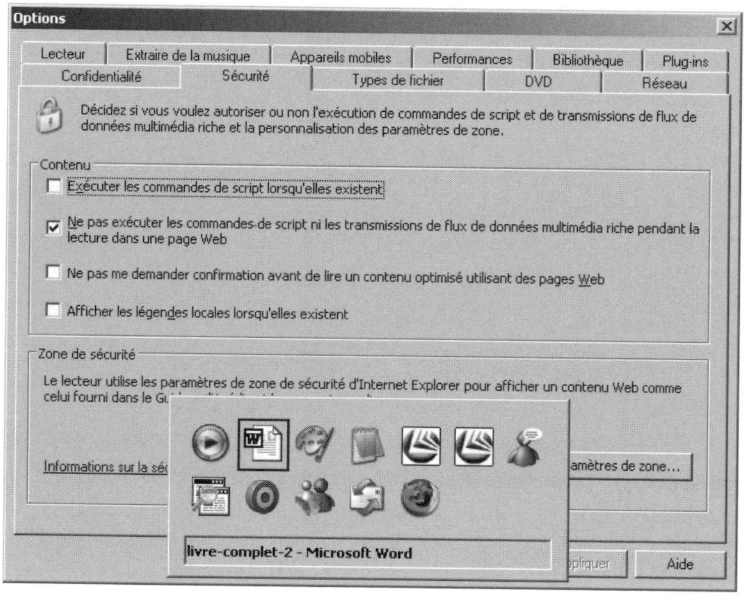

Figure 9.11 : La sécurité de Windows Media au maximum de ses possibilités.

Stratégie globale
pour se protéger

Il y a encore deux ans, le principal risque auquel était exposé l'utilisateur d'un ordi-
nateur personnel était de voir sa machine infestée par des virus. Aujourd'hui, par le
simple respect de quelques règles essentielles, on peut se prémunir presque complète-
ment contre ce risque. Mais la menace par logiciels malicieux s'intensifie, et elle exige
des réponses nouvelles !

Les utilisateurs en avaient pris l'habitude. Ne pas exécuter de pièces jointes,
s'assurer que les logiciels installés proviennent d'une source sûre, utiliser les fonctions de mise à jour des logiciels : quelques gestes simples qui suffisaient pour
éviter tout risque d'infection virale.

Ces trois règles élémentaires ont suffi pendant plusieurs années pour conserver
nos PC sains.

Aujourd'hui, aucune de ces mesures n'est suffisante, et cette méthode de protection peut être considérée comme obsolète sur tout PC bénéficiant d'un accès à
Internet.

Changez vos habitudes !

A ce stade de l'ouvrage, nous sommes correctement informés de la menace qui
pèse sur nos machines, et nous pouvons adopter une stratégie de sécurité. Cette
dernière aura pour but de mettre notre ordinateur à l'abri de toutes les menaces
d'infection qui pèsent sur lui.

Nous allons maintenant vous proposer des mesures de protection plus efficaces et mieux adaptées à la menace virale contemporaine. Elles se répartissent en plusieurs axes :

- **La sensibilisation.** Comprendre ce qui se produit est la meilleure des protections.

- **La mise à jour des systèmes et des logiciels.** Pour limiter l'utilisation des failles de sécurité.

- **Les restrictions d'accès à Internet.** Pour prévenir les intrusions en adoptant un surf prudent.

- **L'isolation réseau.** Pour limiter la visibilité de vos ordinateurs par les pirates.

- **L'utilisation de clients alternatifs pour Internet.** Pour supprimer les portes d'entrée sur votre ordinateur.

- **L'utilisation d'un antispyware.** Pour éradiquer les spywares installés sur votre ordinateur et protéger celui-ci.

- **L'utilisation d'un antivirus.** Pour vérifier votre ordinateur.

Examinons ces axes de protection un par un.

La sensibilisation

La sensibilisation aux risques inhérents aux malwares est la première des protections et la plus importante. La lecture des chapitres précédents vous a permis de comprendre à quel point la menace virale moderne est multiforme, et les possibilités de propagation sont diverses et variées.

En prenant connaissance de ces nouveaux risques, vous êtes devenu moins vulnérable que la grande majorité des internautes :

- Vous savez qu'un clic sur une fenêtre d'alerte peut rendre possible une infection.

- Vous savez que la malice n'est pas absente des stratégies commerciales sauvages de nombreuses entreprises utilisant les spywares.

- Vous savez que certaines zones du réseau Internet propagent plus que d'autres des logiciels malicieux, notamment les réseaux peer-to-peer ou certaines familles de sites.

Vous pouvez continuer à vous sensibiliser à la problématique des infections par logiciels malicieux en consultant les sites d'information que nous avons présentés. Vous pouvez aussi venir à intervalles réguliers sur le blog de l'auteur, qui contient une rubrique "spywares".

Etre conscient du risque encouru, c'est déjà la moitié du chemin !

La mise à jour des systèmes d'exploitation et des logiciels

Nous avons vu que nombre d'infections passent par l'entremise de failles de sécurité. Nous avons vu aussi que ces failles de sécurité ne disparaissent jamais totalement : de nouvelles apparaissent chaque jour et sont presque immédiatement exploitées par des diffuseurs de spywares. Nous savons que ces failles de sécurité peuvent toucher presque n'importe quel logiciel présent sur notre PC, et que les plus prisées par les spywares sont celles qui concernent les logiciels clients d'Internet : e-mail, messagerie en temps réel, explorateur Web, logiciels de bureautique.

La mise à jour – *via* l'application de patches de sécurité correctifs – du système d'exploitation et des applications connectées à Internet est donc très importante pour se protéger. Exploitez le plus fréquemment possible ces possibilités de mise à jour, et validez les fonctions automatisées de mise à jour, telles que celle de Windows Update.

Gare aux Windows XP piratés

Notez que Windows Update n'est plus disponible aujourd'hui que pour les utilisateurs régulièrement enregistrés de Microsoft Windows XP et 2000. Windows Update a été désactivé pour Windows Me ; il subsiste pour Windows 98 (sans vérification de légitimité).

Cela signifie qu'un Windows XP copié ne peut plus être mis à jour. Conséquence : au fil des semaines, les failles de sécurité qu'il contient s'accumulent. Un vrai danger.

A terme, Microsoft a clairement indiqué que ses produits antispyware ne seraient pas non plus exploitables par les utilisateurs de copies pirates de Windows XP. Le dispositif de vérification qui sera mis en place est déjà présenté sur le site de l'éditeur (bien que non encore activé).

Considérez donc qu'un Windows XP copié devient un vrai danger : il sera la cible de bien plus d'infections réussies qu'un système régulièrement et automatiquement mis à jour.

Mises à jour en pratique

Dans notre stratégie préventive, la mise à jour de Windows est l'une des actions les plus importantes : a elle seule, elle permet de supprimer bon nombre de failles de sécurité.

Les mises à jour de Windows peuvent être régulières (des patches de sécurité viennent boucher une faille) ou ponctuelles (une nouvelle version rénove celle qui est installée sur votre PC). Le Service Pack 2, par exemple, est une mise à jour de Windows XP (voir Figure 10.1). A lui seul, il comble une quantité astronomique de défauts.

Il existe des Services Pack pour toutes les applications de Microsoft.

Quand une nouvelle évolution telle qu'un Service Pack est disponible, son existence est mentionnée sur le site Microsoft.com, plus précisément sur la page :

http://www.microsoft.com/france/telechargements/service-packs.mspx

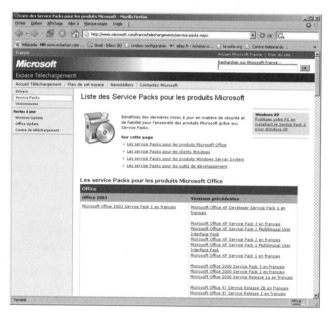

Figure 10.1 : Téléchargez la version SP2.

Une fois sur ce site, cliquez sur le lien dirigeant vers une mise à jour de votre Windows (**http://www.microsoft.com/france/windows/xp/sp2/default.mspx**) et téléchargez, puis installez le dernier Service Pack (l'opération est complètement automatisée). Réitérez l'opération pour toutes vos applications Microsoft (Office, par exemple).

Vous avez déjà bouché la plupart des failles de sécurité.

Il vous faut maintenant appliquer au quotidien la protection de votre système. Lancez Explorer (voir Figure 10.2), déroulez le menu Outils, et cliquez sur "Windows Update" (voir Figure 10.3). Vous arrivez sur la page de mise à jour de Windows XP.

Figure 10.2 : Lancez Explorer.

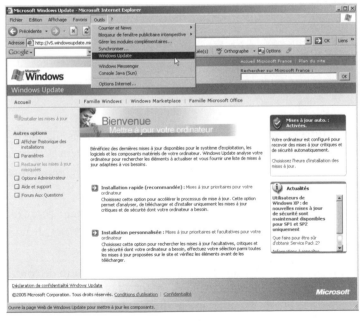

Figure 10.3 : Accédez à Windows Update.

Votre configuration est examinée (voir Figure 10.4) et un ensemble de mises à jour et de correctifs de sécurité vous sont proposés : cliquez sur "Installer les mises à jour prioritaires". Windows XP se charge de télécharger tous les patches de sécurité et de les installer (voir Figure 10.5). Simple, non ?

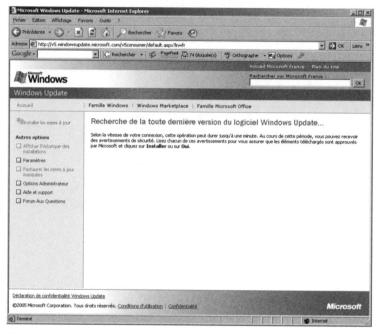

Figure 10.4 : Votre configuration est examinée.

Evidemment, vous devez aussi considérer que ces opérations conduites manuellement ne vous permettent pas de bénéficier d'un ordinateur parfaitement sécurisé. Microsoft pourchasse ses failles de sécurité et publie – parfois au jour le jour, voire heure par heure – des correctifs.

Si vous souhaitez vraiment bénéficier d'un système sain et correctement protégé, vous devez laisser Windows se mettre à jour automatiquement *via* Internet. Il faut pour cela activer les mises à jour automatiques (voir Figure 10.6).

Cette fonction vous sera proposée dans Windows Update ou dans le Panneau de configuration. Cliquez sur "Mise à jour automatique", validez les mises à jour quotidiennes, et choisissez une heure où votre PC est régulièrement allumé (le plus souvent entre 11 h et 13 h). Le reste sera automatique !

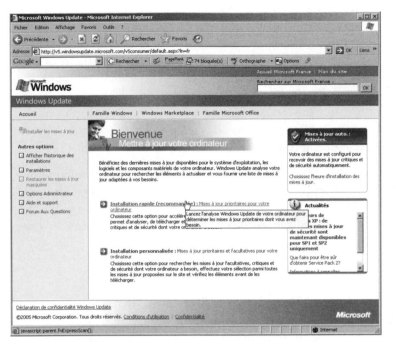

Figure 10.5 : Téléchargez les mises à jour et les patches.

Figure 10.6 : Activez les mises à jour automatiques.

 Pour les anciens Windows (98, Me), il existe de moins en moins de mises à jour de sécurité (voire aucune dans le cas de Me). Ces systèmes se trouvent donc en position périlleuse en termes de sécurité. Plus aucun utilisateur ne devrait utiliser Windows Me, qui n'est pas supporté par Microsoft (un vrai scandale) et est devenu un gigantesque piège à spywares. Concernant la version 98, le système reste relativement fiable tant que vous téléchargez sur Windows Update les derniers patches de sécurité.

La restriction d'accès à Internet

La restriction des connexions à des sites Internet sensibles est une démarche importante pour éviter une infection par des malwares. A moins que des sites institutionnels n'aient été piratés et que leur intégrité ne soit dangereusement mise en cause, il n'est vraisemblablement pas possible d'être infecté pas un malware *via* des sites réputés. Apprenez à faire une distinction entre un site "sûr" et un autre plus suspect. C'est évidemment une affaire d'intuition, mais vous verrez qu'à l'usage, sans devenir paranoïaque, le simple soupçon peut éviter les infections !

La majorité des malwares se répandent depuis des sites Internet dits "underground". Le fait de fréquenter des sites Internet de téléchargement illicite de logiciels piratés, d'outils de piratage informatique, de recherche de numéros de série de logiciels piratés, pornographiques, les réseaux peer-to-peer, contribue à augmenter le risque d'infection par un malware ou un spyware.

Evitez certains sites

Ainsi, une étude menée par l'éditeur Aladdin Knowledge Systems a montré que 80 % des sites Web pornographiques tentent de placer un ou plusieurs codes malicieux sur les PC de leurs visiteurs, notamment en utilisant les failles de sécurité.

L'éditeur a en effet analysé entre 2 000 et 3 000 d'entre eux afin d'étudier ce qui se passe réellement lorsqu'un internaute les visite. Le résultat est plutôt croustillant. Les sites pornographiques sont aujourd'hui clairement utilisés pour attirer les internautes, afin d'installer des parasites publicitaires et des codes malicieux sur leurs PC. Selon les ingénieurs d'Aladdin, 80 % des sites pornographiques visités tentent d'installer quelque chose sur l'ordinateur de leurs visiteurs : adware ou spyware, voire parfois les deux.

La majorité des sites pornographiques faciles à trouver ne sont d'ailleurs qu'un empilement de fenêtres publicitaires, de messages trompeurs. Ils constituent bien souvent une toile d'araignée inextricable faite de redirections multiples vers de nombreux sites tout aussi creux. L'étude d'Aladdin ne fait que confirmer ce que nous savions déjà.

INFO Ne considérez pas, si votre antispyware a détecté un "porn dialer", que votre ordinateur est utilisé à des fins pornographiques. Il est extrêmement fréquent de rencontrer cette catégorie de spywares ou de logiciels malicieux sur des machines utilisées parfaitement légitimement.

L'ado surfe, le papa récolte des spywares

L'entreprise Symantec a elle aussi récemment mené une étude qui consistait à naviguer sur Internet à l'aide d'un ordinateur sur lequel Windows XP SP2 avait été fraîchement installé. Les sites visités – pendant une heure – étaient en rapport avec les enfants, le sport, les jeux vidéo, la vente en ligne et les voyages. A l'issue de cette expérience, la machine était analysée, et les spywares et adwares récoltés étaient comptabilisés.

Bilan consternant ! Les sites pour enfants triomphent avec 359 infections d'adwares et 3 "browser hijackers". Au total, 850 spywares ont été récupérés en une heure de balade naïve sur la toile.

L'entreprise et son réseau

On connaît aussi cette histoire de pirates qui ont détourné les serveurs DNS de plusieurs sociétés américaines. Ils pouvaient ainsi diriger les demandes pour n'importe quel site Web avec une extension .com vers un site publicitaire qui installait des spywares à la volée. Cette attaque est baptisée "DNS pharming".

Depuis la fin du mois de février 2005, trois attaques majeures se sont succédées contre les serveurs DNS de nombreuses sociétés. Elles ont permis de détourner les milliers d'internautes qui utilisaient les réseaux de ces grandes entreprises vers deux sites publicitaires, ainsi que le courrier et tout le trafic qui leur étaient destinés (connexions SSH, etc.).

Face à une telle attaque, l'internaute est impuissant : s'il dépend d'un serveur DNS qui s'est laissé piéger (celui de son entreprise, par exemple), il aura beau disposer d'un Windows ultrasécurisé, chaque fois qu'il entrera une adresse que les pirates ont choisi de détourner (et dans la dernière attaque en date, toutes les adresses en .com l'étaient !), il atterrira sur un site appartenant au pirate. Le principe n'est pas tout jeune (c'est le bon vieux "DNS poisonning" à la sauce "phishing"), mais il n'avait encore jamais été exploité à une telle échelle.

Toutes ces sociétés ont pu être compromises grâce à une faiblesse de l'installation par défaut du serveur DNS de Windows NT4 et 2000. Les attaques actuelles ne concernent donc que les serveurs DNS sous Windows, ce qui met la grande majorité des internautes à l'abri : la plupart des fournisseurs d'accès gèrent sérieusement leur serveur DNS et procèdent à des mises à jour rigoureuses.

Une fois encore, dans ce cas précis, une mise à jour des systèmes pour supprimer leurs failles de sécurité aurait suffi à endiguer cette attaque.

Les images piégées

L'année 2005 a aussi vu apparaître une nouvelle sorte de virus, utilisant comme vecteur de transport un type de document que l'on croyait totalement impossible à infecter. Son fonctionnement s'appuie sur un système de dépassement de la mémoire tampon, le *buffer overflow*, provoqué par une erreur présente au niveau du composant GDI+ de la bibliothèque Windows. Ce composant se charge d'interpréter les fonctions graphiques sous les systèmes Windows.

Microsoft a publié un patch afin de corriger cette faille critique qui affectait la plupart de ses logiciels : Windows XP (SP1), Windows Server 2003, Office XP, Office 2003, Internet Explorer 6 SP1, Project, Visio, Picture-It, Outlook, etc.

Cette faille était liée à la gestion des images JPEG. Elle permettait aux hackers de créer des fichiers JPEG capables d'exécuter n'importe quel programme sur l'ordinateur ciblé, y compris un cheval de Troie.

Problème : Internet Explorer interprète directement les fichiers JPEG avant de les mettre en cache. Cela signifie que, dans certains cas, la faille peut être exploitée avant même qu'un antivirus n'ait eu le temps de détecter et de scanner le fichier (de toute façon, nous verrons que les principaux concepteurs d'antivirus sont complètement passés à côté de cette faille). Le même problème a été rencontré dans les clients Outlook.

Le premier troyen exploitant la faille relative au format JPEG a été découvert sur l'un des groupes de discussion de la société EasyNews. Il est apparu le 26 septembre 2004, seulement quatre jours après la publication du code officiel détaillant le fonctionnement de la faille !

Rapidement, de nombreux fichiers JPEG infectés ont commencé à se répandre, évidemment sur des sites de newsgroups pornographiques, mais aussi *via* des publipostages sauvages (voir Figure 10.7).

Comprenez bien qu'il suffisait de visualiser cette image avec l'un des logiciels de Microsoft pour qu'elle infecte votre machine !

Cette faille a été rapidement corrigée et a fait l'objet d'un patch de la part de Microsoft. Les utilisateurs abonnés aux mises à jour automatiques ont été épargnés : ils ont reçu quelques correctifs qui permettaient, par exemple, de ne pas afficher automatiquement les images dans Outlook. Pour les autres, il suffisait de surfer pour être infecté !

Figure 10.7 : Des e-mails toxiques.

Pas un antivirus n'est capable de détecter les JPEG piégées !

Selon le rapport d'un chercheur indépendant, Andrey Bayora, un seul antivirus sur 23 testés aurait été capable de détecter une image JPEG piégée. Et l'on retrouvait parmi les mauvais élèves des grands noms tels que McAfee, Sophos, Trend Micro ou Kaspersky Antivirus. Au final, seul Norton Antivirus avait eu un "doute" sur le fichier analysé. Pas brillant...

Alors que ce test était mené en mars 2005, et que la faille était réputée infectante et utilisée depuis septembre 2004, la plupart des éditeurs d'antivirus confirmaient que leur outil ne savait pas la détecter !

L'argumentation fournie par la plupart des éditeurs était qu'il s'agissait ici d'une faille de sécurité – à combler par le système – et non d'un virus ou d'un ver, qui sortait donc du champ d'action de l'antivirus. Déjà que les spywares ne concernaient pas les antivirus, voilà que les JPEG piégées ne les intéressent pas non plus.

Quand ces menaces concernent 90 % des infections actuelles, on est en droit de se demander... à quoi servent les antivirus !

Configurez les options de sécurité de vos clients

Vous ne pouvez rien contre des attaques d'envergure, telles que le DNS pharming ou l'infection par images JPEG. L'ingéniosité des pirates qui utilisent ces failles dépasse de loin toutes les méthodes d'infection déjà inventées, et le laxisme des éditeurs d'antivirus leur laisse le champ libre.

Le seul moyen de se protéger contre ces défauts est totalement gratuit : il suffit de mettre à jour ses logiciels.

Mais vous pouvez déjà configurer les dernières options de vos clients Internet pour endiguer le fléau, et notamment en adoptant les dernières mesures de sécurité proposées dans les logiciels à jour.

Ces options de sécurité sont généralement accessibles dans le menu Outil, ligne Options. Dans Outlook, par exemple, vous pouvez limiter au maximum l'impact des publipostages sauvages contenant des spywares ou des virus (voir Figure 10.7) en cochant quelques options (voir Figure 10.8) :

1. Cliquez sur l'onglet Sécurité.

2. Cochez les trois cases "M'avertir lorsque des applications tentent d'envoyer des messages", "Ne pas autoriser l'ouverture de pièces jointes" et "Bloquer les images et les autres contenus".

3. Cochez "Zone de sites sensibles".

Dans Explorer, cliquez sur Options dans le menu Outils, validez l'onglet Sécurité et cliquez sur Personnaliser le niveau. Ensuite, procédez comme suit :

1. Cochez "Demander" dans les deux options "Exécuter des composants" de la section Composants dépendants de Net Framework.

2. Cochez toutes les options "Demander" et "Confirmation" des composants ActiveX (voir Figure 10.9).

3. Dans Script, cochez "Demander" pour la section Scripts des Applets Java (voir Figure 10.10).

Vous éliminerez la plupart des sources d'infections et serez informé chaque fois qu'un site tente d'exécuter une application sur votre machine. N'acceptez jamais de composants Net, de scripts Java ou d'ActiveX qui proviennent de sites suspects.

Vous pouvez demander le même type de configuration dans les autres applications de Microsoft : le Lecteur Multimédia, par exemple, vous propose de cocher la case "Ne pas exécuter les commandes de script" (voir Chapitre 9 à ce sujet).

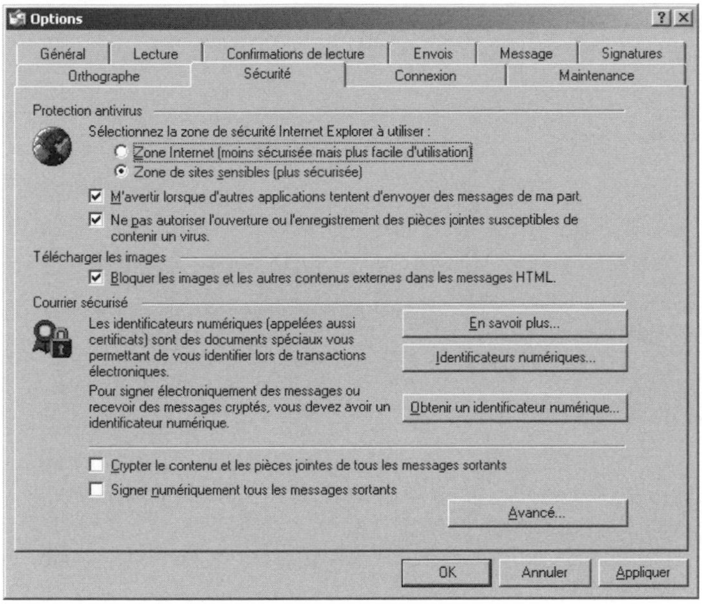

Figure 10.8 : Les options de sécurité d'Outlook.

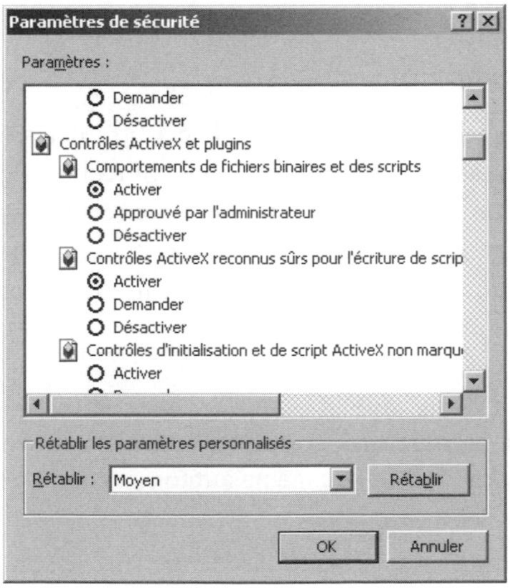

Figure 10.9 : Demandez la validation des scripts ActiveX.

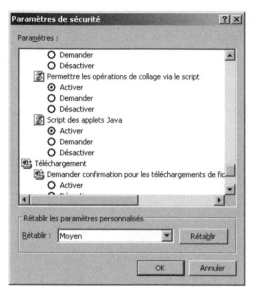

Figure 10.10 : Méfiez-vous des scripts.

Un ordinateur correctement isolé

Il faut aussi, pour bien se protéger, isoler son ordinateur du réseau.

Il est aujourd'hui dangereux de laisser une machine directement reliée à Internet *via* un modem ADSL ou même RTC (sur le réseau téléphonique). La raison technique en est très simple. La norme TCP-IP veut que lorsqu'un ordinateur est directement relié au réseau, le numéro IP (celui qui identifie la machine) lui soit directement attribué. Résultat, de n'importe quel point de la planète, quiconque utilise Internet peut "voir" votre ordinateur comme s'il était dans la même pièce.

Pour comprendre cette problématique de la visibilité d'un ordinateur sur un réseau TCP-IP, et donc de sa vulnérabilité, reportez-vous aux chapitres sur cette norme et sur le scan dans l'ouvrage *Hacker's Guide*, du même auteur.

Ce point n'est pas anodin, car si l'ordinateur est visible, ses failles de sécurité le sont aussi. Dans ces conditions, un propagateur de spywares ou un hacker peuvent s'introduire dans votre ordinateur (pour installer un spyware, un troyen, mais aussi pour questionner et manipuler le cas échéant un troyen déjà installé).

Il existe deux solutions pour éviter qu'un ordinateur ne soit trop visible :

- Installer ou activer une porte (un pare-feu) qui jouera le rôle de gardien (voir Chapitre 5).

- Ne pas installer l'ordinateur directement sur la ligne ADSL, en intercalant un routeur, par exemple une Livebox, de Wanadoo.

Il est aussi possible – et recommandé – de combiner les deux solutions (pare-feu et routeur) avec une troisième, la protection permanente par logiciel antispyware. Une isolation de ce type réduit de 50 % les risques d'infections de votre machine. Voyons comment mettre en œuvre ces protections.

Activer le firewall de Windows XP SP2

Le firewall de Windows XP est livré avec la version SP2 que vous aurez téléchargée avec Windows Update. Procédez comme suit :

1. Pour l'activer, cliquez sur le bouton Démarrer, puis sur Paramètres.

2. Double-cliquez sur Connexion réseau. Sélectionnez le nom de votre connexion, puis cliquez dessus avec le bouton droit de la souris pour activer le menu contextuel.

3. Choisissez la commande Propriétés. Dans l'onglet Avancé, cochez la case Protéger mon ordinateur et le réseau.

   Pour désactiver ce firewall, il suffit de décocher la case et de valider par OK.

   Vous pouvez aussi activer et désactiver le firewall en cliquant sur Pare-feu Windows dans le Panneau de configuration (voir Figure 10.11).

Notez que le firewall Windows peut rendre impossible l'utilisation de clients peer-to-peer, tels qu'Edonkey. Mais il est possible de configurer le firewall pour qu'il permette le fonctionnement d'Edonkey (ou d'autres clients) ; voir, par exemple, à ce sujet la page **http://lugdunum2k.free.fr/winxp/winxp.htm un mode d'emploi complet**.

Si vous rencontrez ce type de problème, vous pouvez aussi vous passer de firewall, mais en activant les protections antispyware permanentes de Microsoft AntiSpyware.

Utilisation de clients alternatifs pour Internet

Notons aussi que les infections par spywares se font à 70 % par l'entremise de logiciels de type ActiveX, et un peu plus rarement de codes JavaScript. Les 30 % restants sont réalisés pour une grande part par le biais d'e-mails piégés qui utilisent les failles de sécurité d'Outlook, voire de Windows Media Player ou MSN Messenger.

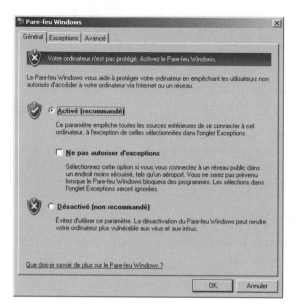

Figure 10.11 : Le firewall Microsoft en action.

Le pourcentage des infections provenant de la pollution virale des réseaux peer-to-peer ou de logiciels piégés reste très faible.

Cela signifie que la grande majorité des pollutions virales qui ont eu lieu au cours de l'année 2004 sont imputables à l'utilisation de logiciels de navigation liés à Internet, conçus par la société Microsoft : Microsoft Internet Explorer, Outlook et Messenger.

De nombreux malwares et spywares ont profité des ActiveX pour se propager, et seul Internet Explorer exploite ActiveX, technologie estampillée Microsoft. D'autres ont utilisé une faille de sécurité de la gestion des droits numériques des fichiers audio WMA : encore une faille de technologie Microsoft. Certains spywares étaient nichés dans des images ou des e-mails ; profitant d'une faille d'Outlook, ils s'installaient automatiquement, quels que soient les réflexes préventifs de l'utilisateur.

Cette vulnérabilité de Microsoft, largement due à sa situation monopolistique, a provoqué un engouement sans précédent pour des clients Internet alternatifs : 50 millions de copies de l'explorateur Firefox (**www.firefox.com**) ont été téléchargées en moins de cinq mois !

On comprend ces utilisateurs. L'emploi d'un navigateur alternatif à Internet Explorer – ou d'un client de messagerie, ou encore d'un lecteur multimédia – permettait en 2004 et au premier trimestre 2005 de se protéger de 95 % des tentatives d'infections par malwares ! Les ActiveX, par exemple, ne sont pas supportés par Mozilla ou Firefox.

Logique, pour toucher le plus de victimes possible, les concepteurs de spywares visent les produits les plus répandus.

Utiliser les navigateurs, les clients de messagerie, les clients multimédias alternatifs permet de diminuer substantiellement la probabilité d'être la cible de malwares. Firefox ou Opera à la place d'Explorer, Thunderbirds pour remplacer Outlook, Nero Media Player pour contourner MS Windows Media Player sont quelques-uns des choix possibles.

Mais le succès du navigateur Internet Firefox attire de plus en plus l'attention des créateurs de malwares. Utiliser Firefox pour ne pas être la cible de malwares ou de failles liées au navigateur ne sera bientôt peut-être plus qu'une utopie. La boucle est bouclée !

Télécharger Firefox et Thunderbirds

Les deux clients de messagerie (Thunderbirds) et d'exploration (Firefox) sont gratuits et livrés sur votre CD dans le répertoire Clients (voir Figures 10.12 et 10.13). Vous pouvez aussi les télécharger **sur http://www.mozilla-europe.org/fr/products/**.

Figure 10.12 : Firefox.

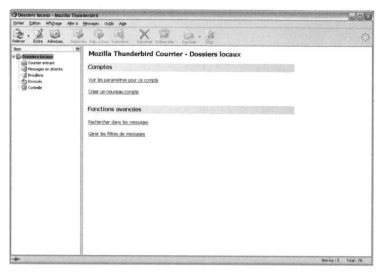

Figure 10.13 : Thunderbirds.

Pour les installer, lancez les deux programmes d'installation qui se trouvent dans ce répertoire. Remplacez ensuite votre navigateur par défaut en déroulant le menu Outils, ligne Option. Dans l'onglet Général, cochez "Firefox doit vérifier s'il est le navigateur par défaut en démarrant" (voir Figure 10.14).

Figure 10.14 : Firefox est le navigateur par défaut.

La procédure d'installation et de remplacement d'Outlook par Thunderbirds est la même ; elle est complètement automatisée.

Notez que vous ne pouvez pas procéder à la désinstallation de Microsoft Internet Explorer, qui est intimement lié à Windows et demeure indispensable pour accéder à Windows Update.

N'oubliez pas de télécharger les dernières mises à jour de Firefox et de Thunderbirds qui peuvent eux aussi être victimes de failles de sécurité. Pour cela, il vous suffit d'observer l'icône de la Figure 10.15 ; cliquez dessus lorsqu'elle prend la couleur rouge. La recherche de mises à jour est alors automatique (voir Figure 10.16).

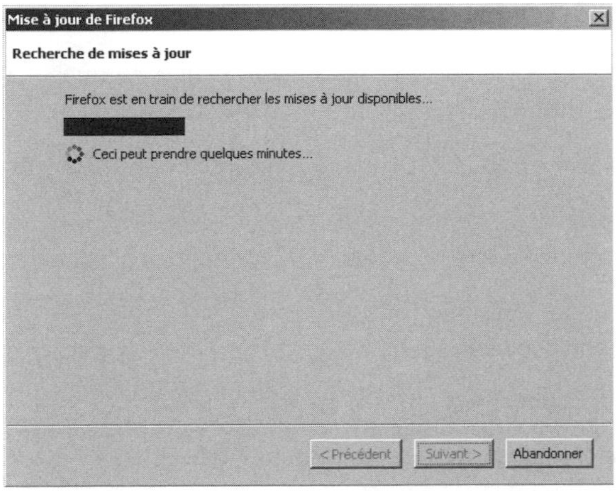

Figure 10.15 : Les nouvelles versions et les correctifs de failles de sécurité doivent être téléchargés.

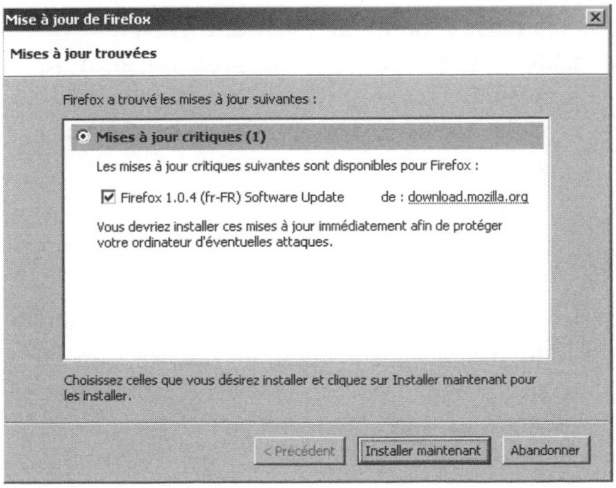

Figure 10.16 : L'opération est automatique.

Utilisation d'un antispyware

Malgré toutes ces protections, la menace pèsera encore sur votre machine : il est donc indispensable d'installer sur votre ordinateur un antispyware et de procéder régulièrement à sa mise à jour ainsi qu'à des scans.

Vous devez aussi activer ses protections permanentes. Nous vous avons présenté dans les chapitres précédents un ensemble de solutions gratuites ou partiellement gratuites. Utilisez-les sans tarder ! Nous ne reviendrons pas sur ces outils que nous avons explorés en détail au Chapitre 7. Voici un bref rappel de ce que vous devez faire :

- Si vous n'utilisez pas de firewall, pensez à activer les fonctions de protection permanente de votre antispyware.

- N'oubliez pas de lancer un scan de vos disques durs à intervalles réguliers, si possible avec deux antispywares différents.

- N'oubliez pas de procéder aux mises à jour de votre antispyware et de sa base de données de signatures.

Pour activer les fonctions automatiques de vérification de Microsoft AntiSpyware, procédez comme suit :

1. Déroulez le menu Options, ligne Settings.

2. Cochez Enable automatic update (voir Figure 10.17).

3. Vous pouvez forcer une mise à jour en déroulant le menu File et en validant Check for Update.

> Pour évaluer l'influence de vos habitudes d'internaute, pensez à observer à intervalles réguliers le résultat des actions de votre antispyware. Avec Microsoft Anti-Spyware, par exemple, cliquez sur View Details et consultez le rapport de scan qui vous est fourni. Vous observerez tous les noms des spywares détectés et bloqués, et leur teneur.

Utilisation d'un antivirus

Reste à étudier la délicate question de l'antivirus. Avec un usage sain de l'ordinateur (firewall, système et logiciels mis à jour, pas de téléchargement sur des sites pour pirates dits aussi "warez"), vous ne courez que peu de risques d'être infecté par un virus. La seule vraie menace aujourd'hui, c'est le logiciel malicieux.

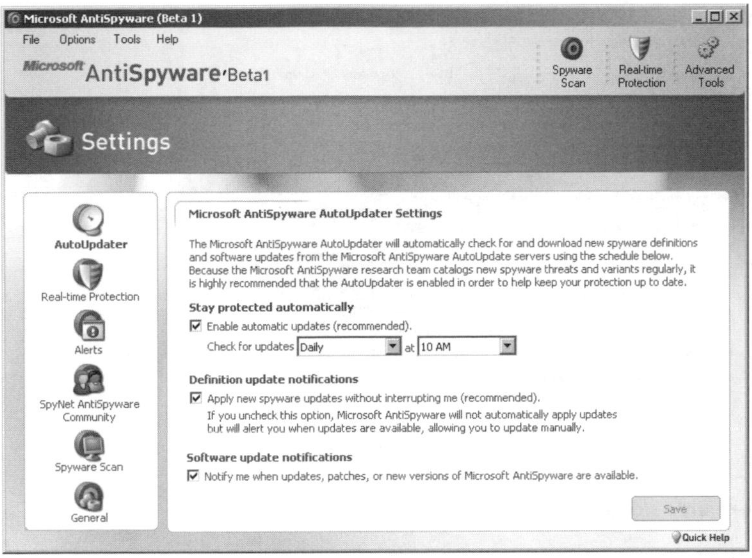

Figure 10.17 : La mise à jour automatique.

Vous l'aurez compris, les antivirus ne sont plus aussi indispensables que par le passé. Ils peuvent même être contre-productifs.

Néanmoins, vous pourrez récupérer des virus sur les serveurs peer-to-peer, *via* des documents à macros. Certains de ces virus, nous l'avons dit, sont aussi des "véhicules" pour les spywares. L'utilisation d'un bon antivirus reste donc recommandée, bien que stratégiquement bien moins importante que celle d'un antispyware.

Problème : nombre de logiciels antivirus sont chers et surtout très encombrants (Norton est souvent très déstabilisant, par exemple). Nous vous proposons sur votre CD-ROM, dans le répertoire Antivir, un ensemble de solutions gratuites ou de démonstration (voir Annexe A sur le contenu de votre CD).

L'un de ces antivirus, BitDefender Free Edition v7.2, est gratuit et particulièrement renommé pour son efficacité : nous vous recommandons de l'installer et de l'utiliser le plus régulièrement possible pour vérifier votre machine.

Installer BitDefender

Lancez le programme [CDROM]\antivir\bitdefender_free_win_v72.exe. Dès que le logiciel est installé, activez-le et procédez au téléchargement de la dernière base de signatures de virus en cliquant sur Live! Update (voir Figure 10.18).

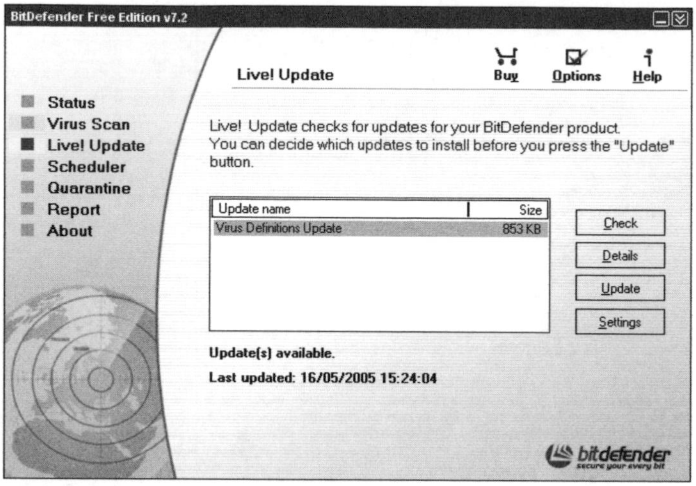

Figure 10.18 : Les dernières signatures.

Redémarrez votre ordinateur, puis lancez un scan (voir Figure 10.19) en cliquant sur Virus Scan.

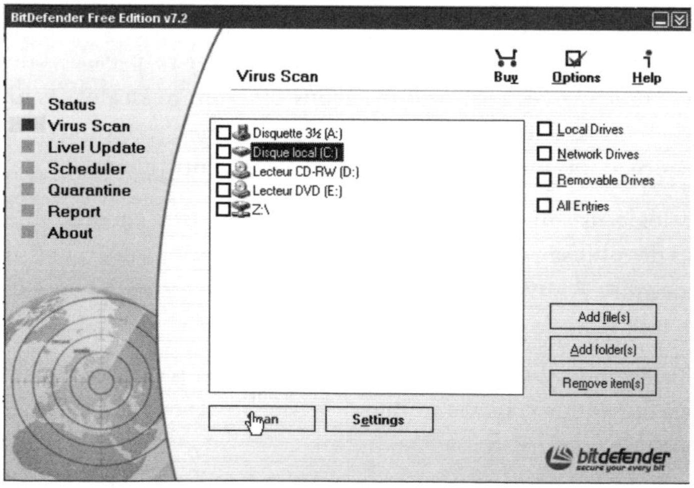

Figure 10.19 : Lancement d'un scan.

Vous observez la liste des virus détectés sur votre ordinateur par BitDefender (voir Figure 10.20). Ces derniers auront été détruits à mesure.

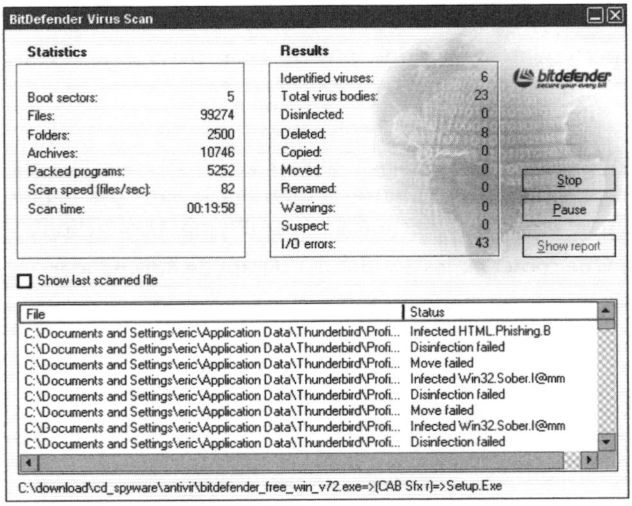

Figure 10.20 : Résultat du scan.

BitDefender au quotidien

Il est très difficile de faire cohabiter un antivirus et un antispyware. L'un et l'autre se détectent mutuellement comme réalisant des opérations interdites (voir Figure 10.21). Cette remarque est valable pour la quasi-totalité des associations "antivirus-antispyware".

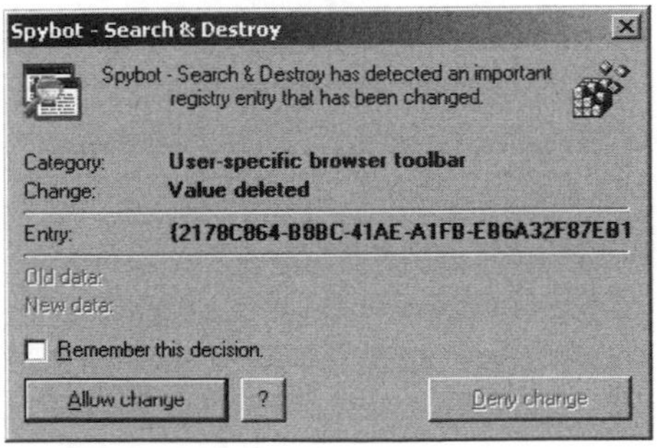

Figure 10.21 : Un conflit entre SpyBot et BitDefender.

Il faut donc faire un choix : si l'on considère que la menace d'infection par spywares est à l'heure actuelle dix fois plus forte que celle par virus, nous vous recommandons de n'activer que les fonctions permanentes de protection des antispywares.

Vous utiliserez votre antivirus en tant que scanner occasionnel, à intervalles réguliers pour vérifier l'ordinateur, ou postérieurement à une infection par spyware pour vous assurer que ce dernier n'était pas porté par un virus.

INFO Pour modifier la configuration de BitDefender, cliquez sur Virus Scan, puis sur Settings. Vous pouvez choisir dans cette fenêtre de détruire le virus par défaut (option Disinfect) ou d'être interrogé sur l'action à mener (Prompt User Action).

Nous vous recommandons de conserver les options par défaut de BitDefender.

Contenu du CD-ROM d'accompagnement

Configuration idéale

En accord avec les mises en pratique présentées dans cet ouvrage, nous vous recommandons d'installer sur votre PC un explorateur alternatif, deux antispywares et un logiciel antivirus. L'une des solutions les plus efficaces associera :

- l'antispyware de Spybot Search And Destroy ;
- l'explorateur Firefox ;
- l'antivirus de Bit Defender.

Les répertoires

Le CD-ROM est organisé en répertoires thématiques : antispywares, antivirus et gestionnaires de cookies. Pour installer un logiciel contenu dans un de ces répertoires, il vous suffit de cliquer sur son icône à partir du Poste de Travail de Windows (en gras sont signalés les logiciels utilisés dans cet ouvrage).

AntiSpy

Le répertoire AntiSpy contient les logiciels antispyware suivants :

- **Ad Aware.** Pour l'installer, cliquez sur le fichier aawsepersonal.
- **Spyware Doctor.** Pour l'installer, cliquez sur le fichier sdsetup.
- **Spybot Search And Destroy.** Pour l'installer, cliquez sur le fichier spybotsd13.

- **Spy Catcher.** Pour l'installer, cliquez sur le fichier Spycatcher.

- **Spyware Guard.** Pour l'installer, cliquez sur le fichier Spyware Guard Setup.

Nous avons également inclus un outil antispyware complémentaire :

- **SpywareBlaster** (freeware), téléchargé sur le site **http://www.javacoolsoftware .com/products.html**.

Ces logiciels peuvent combler une faille insuffisamment prise en compte par les outils antispyware classiques. Scanner votre ordinateur est parfois insuffisant : vous avez aussi besoin de prendre un certain nombre de mesures préventives pour vous assurer que les virus ne reviennent pas.

Les deux logiciels SpywareBlaster et Spyware Guard jouent ce rôle complémentaire : Sypware Blaster vaccine votre explorateur Microsoft contre l'installation de spywares et d'adwares ; Spyware Guard prévient les installations de spywares.

Ces deux outils peuvent par exemple remplacer les fonctions de protection active de Spybot ou de Microsoft AntiSpyware si ces dernières ne se révèlent pas suffisamment performantes.

Attention : si vous recevez un message d'erreur lors de l'installation de ces outils, rendez-vous sur le site de Javacoolsoftware pour télécharger et installer les Run Time Visual Basic requis pour leur exécution.

Antivir

Le répertoire Antivir contient des logiciels antivirus :

- Antivir Personal Edition. Pour l'installer, cliquez sur antivirpe.

- Avast. Pour l'installer, cliquez sur avastsetupeng.

- BitDefender (en deux versions). Le fichier bitdefender_free_win installe la version gratuite et totalement opérationnelle. Le fichier bit_defender_prof installe la version payante. Nous avons utilisé dans les exemples de cet ouvrage la version gratuite qui nous a donné toute satisfaction.

- S-t-i-n-g-e-r. Scanner antivirus gratuit de Mac Afee. Très peu performant, mais a le mérite d'éradiquer les vers les plus répandus.

Clients

Le répertoire Clients contient les logiciels de navigation et d'utilisation d'Internet alternatifs. Ils permettent de compenser les failles de sécurité des outils de Microsoft (MSIE et Outlook) :

- L'explorateur Firefox. Pour l'installer, cliquez sur Firefox Setup 1.0.4.

- Le client de messagerie Thunderbirds. Pour l'installer, cliquez sur Thunderbird Setup. La récupération de vos anciens e-mails d'Outlook est automatique et fonctionne très bien.

- Le client d'exploration Opera. Il est lui aussi très fiable et peu attaqué par les spywares. Pour l'installer, cliquez sur Ow32frfr75.

Cookies

Le répertoire Cookies contient un logiciel de traitement des cookies :

- Cookie Cruncher. Pour l'installer, cliquez sur cookiecrunchersetup.

Nous avons ajouté d'autres outils :

- CookieMonster 3.32. Place une icône à côté de l'horloge, à partir de laquelle vous supprimez cache et cookies et accédez à la boîte de contrôle des cookies.

- Cookie II. Il s'agit de la version 2 de Cookie Monster.

- AnalogXcookie (**www.analogx.com**). Permet de sélectionner quels fichiers cookies vous voulez conserver et lesquels doivent être supprimés.

- CookiePal (**http://www.kburra.com/cpal.html**). Gestionnaire de cookies compatible avec tous les explorateurs et avec la plupart des logiciels Internet qui utilisent les cookies.

Firewall

Dans le répertoire Firewall, vous trouverez des outils de protection de votre PC relié à Internet :

- Le Firewall Zone Alarm (**http://fr.zonelabs.com/**). Il s'agit de la version complète, gratuite. Ce firewall convivial bloque les pirates et autres menaces inconnues. Le mode furtif rend automatiquement votre ordinateur invisible pour tous les internautes. Cliquez sur zlzsetup pour l'installer.

- GhostSurf (**http://www.tenebril.com/consumer/ghostsurf/**). Il fournit une connexion anonyme et sûre, accompagnée d'un ensemble de protections contre les spywares. Pour l'installer, cliquez sur zlssetup.

Tools

Le répertoire Tools contient des petits outils qui vous aideront le cas échéant à nettoyer votre système après une attaque virale :

- DLL Archive (**http://www.analogx.com/contents/download/system/dllarch.htm**). Cliquez sur Dllarchi pour l'installer. Ce logiciel explore votre disque dur à la recherche des fichiers DLL inutiles et les efface. Cliquez sur View Archive pour explorer votre disque dur et rechercher les bibliothèques qu'il contient. Son inconvénient est sa grande lenteur. Quand la liste des DLL est affichée, il suffit de cliquer sur un nom et le menu contextuel pour lire un descriptif de la bibliothèque.

- TuneUp (**http://www.tune-up.com/**). Pour l'installer, cliquez sur TU2004TrialFR. TuneUp Utilities 2004 rend votre système plus rapide, plus agréable et plus fiable. Tous les aspects importants de la configuration du système, la protection, le nettoyage et l'entretien sont rassemblés sous une interface graphique moderne. Version d'essai limitée à 30 jours.

- StartupRun (**www.nirsoft.net**). Un outil pour visualiser les éléments automatiquement exécutés au démarrage du système. Les applications, les DLL ou les raccourcis placés dans le dossier Démarrage du menu Démarrer sont affichés. StartupRun permet de désactiver un élément ou de le supprimer définitivement de la séquence de démarrage. Pour l'installer, cliquez sur strun_setup.

- RegSupreme (**http://www.macecraft.com/**). Ce logiciel est un nettoyeur de bases de registres. Pour l'installer, cliquez sur RegSupreme_setup. Le logiciel vous propose automatiquement d'analyser vos registres. L'opération prend environs 20 minutes. Elle s'achève par l'affichage des clés défectueuses. Déroulez le menu Select, validez Select All, et cliquez sur le bouton Fix. Cette fonction est très utile après une infection par spywares. Le logiciel est fourni en version d'évaluation limitée à 30 jours.

- Cleanreg (**http://www.cleanreg.com/**). Ce logiciel contrôle la base de registre. CleanReg peut vous alerter en cas d'intrusion dans la base de registre et vous aider à la nettoyer. Il scanne les fichiers référencés dans la base de registre et fournit une méthode pour éliminer les références inutiles. Pour l'installer, cliquez sur CleanReg3.

Compléter votre CD-ROM

Les logiciels contenus sur votre CD-ROM sont régulièrement mis à jour par leurs auteurs. Certains d'entre eux peuvent être devenus inutilisables lorsque vous lirez cet ouvrage. Téléchargez une nouvelle version en vous rendant sur le site de leur éditeur.

Les mises à jour et les liens vers les logiciels cités dans cette annexe sont référencés sur le site Internet de l'auteur :

www.echarton.com

Les liens de téléchargement sont fournis sur :

http://www.echarton.com/liens_download.htm.

Les programmes piégés

L'un des principaux vecteurs de spywares et de logiciels escrocs ou intrusifs est aussi le programme. La tactique est simple. On vous fournit un logiciel gratuit qui installe automatiquement des spywares et des adwares. Bien sûr, la technique est immorale et souvent illégale, mais clairement annoncée… dans un "contrat de licence" qui contient des centaines de lignes bien évidemment totalement illisibles et incompréhensibles !

Le cas de 180solutions est l'un des plus édifiants. Dans sa page "Conditions de respect de la vie privée" (**http://www.180solutions.com/pages/privacypledge.aspx**), cette entreprise affirme le plus sérieusement du monde :

"*En tant que principal fournisseur des solutions de vente en ligne et de recherche sur Internet, 180solutions n'adopte que les meilleures pratiques* [pour installer ses outils], *fonctionne avec un niveau d'éthique très élevé et garantit la transparence de ses relations avec ses annonceurs, ses distributeurs, ses associés et ses utilisateurs.*"

Plus loin, cette société clame : "*Nos programmes sont exclusivement téléchargés avec le consentement des utilisateurs*" et encore "*Tous les distributeurs partenaires de 180solutions sont obligés d'indiquer clairement que nos programmes sont inclus avec leurs produits et doivent fournir à leurs consommateurs une option qui implique leur accord avec la licence d'utilisation avant l'installation.*"

Fort bien ! On s'étonnera qu'une entreprise ne produisant que des outils "éthiques" se sente obligée d'affirmer haut et fort qu'elle respecte cette même éthique. Imagine-t-on Microsoft affirmant sur son site Internet : "*aucun de nos revendeurs n'installera jamais de logiciels publicitaires sur vos ordinateurs à votre insu*" ?

Les programmes piégés

Voici quelques exemples parmi les plus significatifs de programmes piégés qui contiennent des spywares. Commençons par quelques programmes dits "utilitaires" :

- **Gator eWallet.** Censé vous aider à remplir les formulaires se trouvant sur Internet. Il permet, entre autres, de se souvenir de votre login/pass, c'est d'ailleurs sa principale fonctionnalité. Ce programme est donc inutile puisque les principaux browsers, tels Internet Explorer ou Mozilla, le font par défaut.

- **Gator Precision Time.** Outil permettant de synchroniser votre horloge avec une horloge online atomique. Vous devez donc être obligatoirement connecté à Internet pour pouvoir l'utiliser. Ce programme est également inutile puisque Windows peut le faire par défaut (dans les Propriétés de la date et de l'heure, allez dans Temps Internet, et spécifiez "Synchronisez automatiquement avec un serveur de temps Internet" – exemple : time.windows.com).

- **Gator Date Manager.** S'apparente à un agenda. Très limité et plein de spywares.

- **Gator OfferCompanion.** Gator vous propose purement et simplement d'installer son spyware, sans aucune autre fonctionnalité. Il est censé pouvoir proposer, selon le site officiel, "*de grandes offres sur des appareils, des livres, de la musique* […]". Tout à fait inutile !

- **Comet Cursor.** Un nouveau curseur, totalement inutile, et un vrai spyware.

- **Cydoor.** Plus de 2 000 programmes sont à ce jour associés à cette société ! Difficile de faire le tri.

Logiciels de téléchargement

La totalité des logiciels de download (accélérateurs de téléchargement) contiennent un ou plusieurs espions, dont les biens connus :

- Go!zilla (espion Aureate/Radiate) ;

- GetRight (espion Aureate/Radiate) ;

- Smartdownload, d'AOL/Netscape (une plainte a été déposée le 30 juin 2000 – condamnation d'AOL/Netscape le 13 juin 2003) ;

- Download Accelerator Plus (contient des publicités et espionne peut-être – version testée : 7) ;

- FlashGet (Cydoor, version testée : 1.40 – les clients qui payent peuvent installer une version sans publicité) ;
- Gozilla (eZula et Radiate, version testée : 1.44.39) ;
- NetAnts (Cydoor, version testée : 1.25).

Gestionnaires de téléchargement réputés propres :

- Download Express (version testée : 1.5 Build 233 SR 1) ;
- FreshDownload (version testée : 6.50) ;
- GetIt (version testée : 1.04) ;
- LeechGet 2003 (conseillé – version testée : 1.0 Build 1500 RC3) ;
- Net Transport ;
- ReGet (version testée : Deluxe 3.3) ;
- Star Downloader (version testée : 1.42) ;
- WGET (un utilitaire de ligne de commande – conseillé – versions testées : 1.6.x à 1.8.1).

Logiciel de compression/décompression de données

- PkZip (espion Timesink/Conducent).

Logiciels de partage de ressources peer-to-peer

- Bearshare (espion ClickTillUWin ou OnFlow selon les versions) ;
- KaZaA (c'est pratiquement une vitrine de l'art des spywares, ils y sont presque tous !) ;
- EDonkey : Webhancer, GloPhone, Web Search Toolbar, New.net ;
- IMesh : AskJeeves (MySearch) toolbar ;
- Morpheus : Direct Revenue.

Le droit !

Les promoteurs de spywares – entreprises privées ou individus – devront y regarder à deux fois avant d'installer des filiales en France. Le texte de la loi Godfrain – une loi simple et efficace contre les infractions – interdit toutes leurs activités et pourrait les punir très durement.

Des sociétés telles que 180solutions, Claria et leurs partenaires pourraient, si elles étaient poursuivies en France, tomber sous le coup de la totalité des articles de la loi Godfrain !

Loi n° 88-19 du 5 janvier 1988 relative à la fraude informatique

Travaux préparatoires

[…]

Journal officiel du 6 janvier 1988

L'Assemblée nationale et le Sénat ont adopté.

Le Président de la République promulgue la loi dont la teneur suit :

Article unique

Dans le titre II du livre III du code pénal, il est inséré, après le chapitre II, un chapitre III ainsi rédigé :

Chapitre III – De certaines infractions en matière informatique

Article 462-2

Quiconque, frauduleusement, aura accédé ou se sera maintenu dans tout ou partie d'un système de traitement automatisé de données sera puni d'un emprisonnement de deux mois à un an et d'une amende de 2 000 F à 50 000 F ou de l'une de ces deux peines. Lorsqu'il en sera résulté soit la suppression ou la modification de données contenues dans le système, soit une altération du fonctionnement de ce système, l'emprisonnement sera de deux mois à deux ans et l'amende de 10 000 F à 100 000 F.

Article 462-3

Quiconque aura, intentionnellement et au mépris des droits d'autrui, entravé ou faussé le fonctionnement d'un système de traitement automatisé de données sera puni d'un emprisonnement de trois mois à trois ans et d'une amende de 10 000 F à 100 000 F ou de l'une de ces deux peines.

Article 462-4

Quiconque aura, intentionnellement et au mépris des droits d'autrui, directement ou indirectement, introduit des données dans un système de traitement automatisé, ou supprimé ou modifié les données qu'il contient ou leurs modes de traitement ou de transmission, sera puni d'un emprisonnement de trois mois à trois ans et d'une amende de 2 000 F à 500 000 F ou de l'une de ces deux peines.

Article 462-5

Quiconque aura procédé à la falsification de documents informatisés, quelle que soit leur forme, de nature à causer un préjudice à autrui, sera puni d'un emprisonnement d'un an à cinq ans et d'une amende de 20 000 F à 2 000 000 F.

Article 462-6

Quiconque aura sciemment fait usage des documents informatisés visés à l'article 462-5 sera puni d'un emprisonnement d'un an à cinq ans et d'une amende de 20 000 F à 2 000 000 F ou de l'une de ces deux peines.

Article 462-7

La tentative des délits prévus par les articles 462-2 à 462-6 est punie des mêmes peines que le délit lui-même.

Article 462-8

Quiconque aura participé à une association formée ou à une entente établie en vue de la préparation, concrétisée par un ou plusieurs faits matériels, d'une ou de plusieurs infractions prévues par les articles 462-2 à 462-6 sera puni des peines prévues pour l'infraction elle-même ou pour l'infraction la plus sévèrement réprimée.

Article 462-9

Le tribunal pourra prononcer la confiscation des matériels appartenant au condamné et ayant servi à commettre les infractions prévues au présent chapitre.

Index

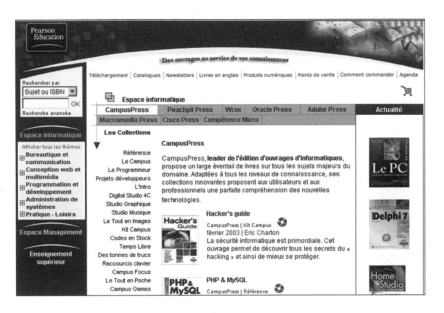

59, Av. Émile Didier
05003 Gap Cedex
Tél. 04 92 53 17 00
Dépôt légal : 380
Juillet 2005
Imprimé en France